高中生物高效课堂教学
与有效性研究

丁　忠◎著

中国原子能出版社

图书在版编目（CIP）数据

高中生物高效课堂教学与有效性研究 ／ 丁忠著 ．--
北京 ：中国原子能出版社，2021.9
　　ISBN 978-7-5221-1497-2

　　Ⅰ．①高… Ⅱ．①丁… Ⅲ．①生物课－课堂教学－教
学研究－高中 Ⅳ．① G633.912

中国版本图书馆 CIP 数据核字（2021）第 190169 号

高中生物高效课堂教学与有效性研究

出版发行	中国原子能出版社（北京市海淀区阜成路 43 号　100048）
策划编辑	杨晓宇
责任印刷	赵　明
装帧设计	王　斌
印　　刷	天津和萱印刷有限公司
经　　销	全国新华书店
开　　本	787mm×1092mm　　1/16
印　　张	11.625
字　　数	221 千字
版　　次	2021 年 9 月第 1 版
印　　次	2022 年 1 月第 1 次印刷
标准书号	ISBN 978-7-5221-1497-2　　　　定 价 68.00 元

网　址：http//www.aep.com.cn　　　　E-mail: atomep123@126.com
发行电话：010-68452845　　　　　版权所有　翻印必究

作 者 简 介

丁忠，男，汉族，中共党员，中学高级教师，出生于1970年5月，山东惠民人，毕业于山东师范大学生物系，研究生学历，研究方向为课堂教学与管理。工作27年来，主持国家、省、市级课题多项，发表教科研论文十余篇，参编著作多部。获得山东省教育先进工作者、滨州市优秀教师、滨州市优秀教育工作者、滨州市优秀班主任、滨州市高中生物学科教学能手、滨州市高中生物学科带头人、滨州市高中生物优质课一等奖等诸多荣誉。

前　言

　　随着教育部新课程的改革的大力推行，对课堂教学提出了新的理念。教师要倡导教学的开放性，关注学生的学习过程，尊重课程的差异。生物教学在高中教学中起着非常重要的作用，占了很大的比例，越来越多的学者主动参与到生物课程的研究当中来。同时，随着新课改的不断深入，高效课堂成为生物教学的重要目标。这些因素共同影响着高中生物教学的不断变革与发展。但是，在高中生物教学中，受各种因素的影响，教学效率并不高。因此，现阶段在课堂中教师必须提高生物课堂的有效性，促进教学的多样化发展，高效实现教学目标。

　　本书共七章。第一章为绪论，主要阐述了高效课堂的定义、高效课堂的特征、高效课堂的创设与生成以及高中生物学科能力结构和信息技术与高中生物课程的高效整合等内容；第二章为高中生物课堂教学的现状分析，主要阐述了高中生物课堂教学的现状、高中生物课堂教学行为的分析等内容；第三章为高中生物课堂教学的有效性分析，主要阐述了有效性教学的基本概念、影响高中生物课堂教学有效性的因素、高中生物课堂教学中的有效提问等内容；第四章为高中生物高效课堂教学模式的构建，主要阐述了高中生物教学模式的分类、高中生物教学模式的功能、高中生物高效课堂教学模式构建实例等内容；第五章为微课在高中生物高效课堂教学中的应用，主要阐述了微课教学的理论基础、高中生物微课的开发与利用、高中生物课堂教学式微课案例等内容；第六章为基于学科素养的高中生物课堂教学评价，主要阐述了课堂教学评价的含义与作用、基于"三维目标"的课堂教学评价、基于"生物学学科素养"的课堂教学评价等内容；第七章为对高中生物高效课堂有效性的思考，主要阐述了高中生物高效课堂有效教学的理论依据、高中生物高效课堂有效教学发展性评价标准的构建、对高中生物高效课堂有效性提高的建议与前景展望等内容。

　　为了确保研究内容的丰富性和多样性，在写作过程中参考了大量理论与研究文献，在此向涉及的专家学者们表示衷心的感谢。

　　最后，限于作者水平有不足，加之时间仓促，本书难免存在一些疏漏，在此，恳请同行专家和读者朋友批评指正！

丁　忠

2021 年 1 月

目　　录

第一章 绪 论

构建出高效的课堂，是每位教师的追求，在新课改的背景之下，如何构建出高效的课程，成了新时期教师所思考和探索的问题。本章分为高效课堂的定义、高效课堂的特征、高效课堂的创设与生成、高中生物学科能力结构、信息技术与高中生物课程的高效整合五部分，主要内容包括高效课堂的概念解析、高效课堂的内涵解读、高效课堂的教学原则、高效课堂的教学方法等方面。

第一节 高效课堂的定义

一、高效课堂的概念解析

课堂教学的"高效"，是相对于传统教学的"低效""无效"甚至"负效"而言的，是课堂教学的理想状态和结果。那么，什么样的课堂才是高效课堂呢？对此，学界从不同视角提出多种阐释。

第一，从经济学视阈针对课堂教学的结果来界定高效课堂。高效课堂属于"有效教学"范畴，是"有效教学"的最高目标指向。有效性是一个经济学概念，最简单的解释是投入与产出比。我们所说的"效"主要指三个方面：效率、效益、效果。课堂教学的有效性涵盖了三重意蕴："有效果——对教学活动结果与预期教学目标的吻合程度的评价；有效率——对教学作为精神性生产活动的经济学描述，即教学产出与教学投入之比，或有效教学时间与实际教学时间之比；有效益——是对教学目标与特定的社会和个人的教育需求是否吻合及吻合程度的评价。"在这个认识的基础上，学者倾向于对高效课堂做下面这样的阐释：高效课堂应该包括三个方面的内涵：①提高课堂效率，就是课堂达成度高；②实现课堂效益的最大化，就是课堂发展度大；③达到最佳的课堂教学效果。

高效课堂是有效课堂的最高境界，高效课堂基于高效教学。

第二，从社会学视角针对教学过程的主体活动界定高效课堂。这种观点把课堂视为一个微型社会，把师生作为相互独立又息息相关的两个社群，关注师生群体在课堂这个特定情境中的行为表现、活动效果及体验，旨在发挥课堂教学中的社会学潜力，促进学生社会性发展。基于这种观点的学者倾向于将高效课堂理解为一种教学形态。高效课堂是最接近于理想课堂的教学形式。它以模式驱动，以导学案统领，以小组组织为抓手，以自主、合作、探究为本质，以"三维目标"为目标，以发展学生为方向的一种教育思想体系。

第三，从教育学视角针对课堂教学的人本化理念解读高效课堂。教育层面的课堂观更关注"人"的价值与意义，强调课堂教学在学生知、情、意、行发展的作用。

学界基于不同的视角对高效课堂的理解不尽相同，各有侧重，但都对高效课堂的理论与实践作出了深入而广泛的探究。本研究集各家所长，拟从课堂教学的系统建构入手，以"高效"为标准，以"育人"为核心，关注投入内容、控制教学过程、保障产出质量，对高效课堂进行一种广泛性透视，提出了高效课堂的普遍性内涵：高效课堂是指在师生教与学的交互作用中，以学生自主学习能力的培育为目标，以教师的高水平教学和学生的高质量学习为依托，旨在实现人才全面和谐的发展与高等教育质量全面提高的活动。其高效性既指向当前高水准的实效性，也指向未来的长效性。

二、高效课堂的内涵解读

事实上，高效课堂是与低效课堂相对的一个概念，它并没有具体的定义，只是在具体教学过程中，与之前的教学效果进行对比，看达到预期目的的程度如何。一般我们把在有效课堂基础上，完成预定教学任务、达成教学目标的效率较高、效果理想且取得教育教学较高影响力的课堂叫作高效课堂。当然，这并不是绝对的界定，如果一堂课超出了教师本身能达到的教学效果也可以叫作高效课堂。

高效课堂是当下所有生物教师的一种教学追求，是对教育教学工作高效率完成的一种愿景。对于学生而言，每一堂课都能最大限度地获取知识，并且在轻松愉快的环境下学习，也是一堂高效课堂的标志。

比如，高一年级学生上第一堂生物课，教师在展示生物科学相关知识时，配上生动的讲述，与学生及时互动，让学生走进生物科学世界，探索生物知识的奥秘，并能在课后清晰地回忆起课堂教学内容，那么，这样的一堂课就能称之为高效课堂。总之，高效课堂旨在当学生承载着高考压力的同时，着力提高学生的科学素养，实现真正意义上的素质教育。

三、高效课堂的教学原则

要想建立一堂高效课堂，一般要遵守五个基本教学原则。

（一）学生全面发展原则

学生学习的最终目的是发展，构建一堂理想课堂的最终目的就是让学生得到全面的发展。每个学生个体都不同，对学习的需求也不同，在教学过程中要注重学生的个体差异，尊重每个学生的人格，营造良好的教育环境，使学生能积极主动地参与课堂教学活动。注重每一个学生的发展，努力开发每一个学生的潜能，构建高效率的课堂模式，促进学生积极主动、健康全面地协调发展。

（二）学生自主学习原则

真正高效的课堂不是给予学生多少知识，而是让学生自主学习、学会学习。课堂教学是学校教育的主要形式，是学生探求新知识、自主学习的主要渠道。教会学生如何学习以及成为学习教育的重要目标。课堂教学注重突出学生的主体地位。教师主要以引导的方式进行教学。在此过程中，教师和学生的双边教学活动中，要积极配合，互相促进，以便达到教学的最高效率。

（三）坚持鼓励原则

在教学过程中，教师要实时关注学生的学习情况，有针对性地提出合适的鼓励政策。对于某些学习困难的学生，有计划地进行面对面的谈话，或者以不记名的方式搜集学生信息。及时给出有效的解决措施，并对学生进行积极鼓励。在课堂上，教师尽量创设一种积极向上的学习氛围，让学生在轻松愉快的环境下学习。

（四）坚持实践性原则

空泛的教学知识唯有与社会生活实际相联系，才能使学生切身感受知识的乐趣。我们教师的职责就在于将学校创造成能让鸟儿"自由飞翔的"林子。学校就是一个社会的缩影，要让学生在这个小社会中积极投身到生活实践中去，感受生活，探索知识。

（五）坚持思想性原则

高效课堂教学是一个构建学生学科思维的过程，培养学生的理想意识，让课堂成为学生的心灵殿堂。督促学生树立自己的人生理想，只有拥有了崇高的理想学生才能坚持学习，内心才能产生源源不断的动力来促进学习。唯有建立起学科思维，学生才能主动投入到学习中去。这样一来学生的心灵有了归属，就能抵御外界的干扰，提高课堂教学效率，培养学生正确的人生观和价值观。

四、高效课堂的教学方法

（一）课前自学法

通常来讲，自学法是指学生独立学习，但在学校教育中的自学可以理解为学生在老师指导下的独立学习。在翻转课堂教学中，特别是在学生课前的学习过程中，非常有必要掌握良好的自学方法。虽然高中生已经具备一定的逻辑思维和抽象思维能力，但仍要从感性知识出发来思考问题，需要学生课前自学的内容又多是概念性质或背景性质的知识。通过观看视频讲解等方式，简单而又高效地引导学生进行自学，有助于学生对自学的思路进行梳理，并对学习途径加以选择，从而能够更好地提高自学的效率。

养成良好的自学能力还有助于学生形成自己独立的思维模式，能够在很大程度上帮助他们今后知识的获得和能力的养成。因此，运用自学法主要是为了养成自学能力，不仅是教学活动中的学习方法，而且也是一种教学目的，它不是单一的能力，而是体现了主动性、独立性、思维逻辑性等多层次的综合能力。

（二）情境探究法

在教学过程中，除了学生独立思考，发挥个体主动性外，充分利用小组成员合作探究也能够提升学习效率。这种方法不仅能够在新课教学中运用获取的新知识，而且又能使学到的知识得到巩固。学生在情境中学习，和他人一起交流合作，既可以获得一定的社会能力，使与人沟通交流的能力得到锻炼，又可以在这种合作中发现并解决问题，从而获得知识，这种做法可谓一举两得。

对高中生而言，设置情境不用对情感背景予以强调，逻辑性越强、可操作性越高的情境更易引起他们的兴趣，带有任务性质的情境还可以使他们的责任感得到有效激发，从而更好地解决问题。在探究过程中，他们需要自行安排小组成员的分工合作，可以使他们自由转换学习中的角色，并且还可以使他们的学习潜力得到充分发掘。

第二节 高效课堂的特征

一、教学目标的预设性

教学的特点在于要在一定的教学时间内完成一定的教学任务。教师在开展教学工作之前，就已明确了教学内容，有了明确而具体的教学目标；学生对即将学习的内容也有一定程度的了解，并且设定了自己的学习目标，这些学习内容与学生原有的认知水平和知识结构有着逻辑联系，凭着这种逻辑联系，学生能够将新旧知识相结合，将新知识纳入自己的知识结构。

二、教学活动的实践性

高效的课堂教学是将知识的构建自主权交给学生，学生是具有不同个性和探究本能的生命个体，它重个体动手和动脑的体验。这种体验经过教师的帮助上升为理性认识，形成学生自己的知识结构，并运用于以后的学习。

三、教学过程的开放性

在高效课堂教学过程中，可以充分发挥师生的主体作用，其过程与结果都是开放的。①教与学的过程本身是开放的，这是开放性的显性表现。也就是说，师生伴随着问题的提出和解决，经历着时而紧张、时而愉悦的情感体验，学生知识的构建在不知不觉中进行。从教师的教学策略看，要善于找出或启导学生找出能引起探究兴趣的初始问题和能将研究讨论一步步引向深入的后续问题，使课堂自始至终都沉浸在研究、解决问题的状态。②教与学的思维发展过程是开放的，这是开放性的隐性表现，特别是教师要随时根据课堂的变化调整自己的教学策略，在学生思维发展的拐点处、关键处、困惑处进行点拨，引向思维纵深处。

四、教学氛围的合作性

高效的课堂教学，要鼓励学生以锲而不舍的精神去追寻知识，在学习中，班级成员和教师构成一个学习共同体。由于知识水平和认识水平的差异，教师和学生、学生和学生对问题的看法也必然会存在差异，这就要求师生之间、生生之间能够相互包容和宽容，将差异作为教学资源，以合作的精神对待不同意见，互相理解，互相补充，互相转化，动态生成。做到这点，师生的思维与智慧就被整个群体所共享，成为真正意义上的学习共同体。

第三节　高效课堂的创设与生成

一、创设生物高效课堂的意义

（一）高效教学有利于改进生物教学现状

基于普通高中生物学课程标准（2017核心素养版）的要求，认清当前生物教学现状、优化高效性教学方案势在必行。尽管大部分教师已经具备改革意识，并尝试落实改革措施，然而由于不能准确把握"新课程理念"，特别是"核心素养"的内涵，再加上教学改革工作缺乏充足的参考经验，在"摸着石头过河"的过程中，高中生物教师不可避免地走了一些弯路，导致出现了低效教学的现象。

因此，从高中生物的教学内容出发，深入解读高中生物教材与核心素养培养要求，以学生的实际情况为出发点与落脚点，研究高中生物高效教学的课题方案势在必行。

（二）高效教学有利于实现核心素养教育目标

高效性课堂教学是培养学生核心素养的主阵地和根本保障。我国新一轮课程改革已从过去注重知识教育过渡到"知识与能力、过程与方法、情感与价值观"三位一体的综合性目标，在此基础上又以培养学生核心素养为实践导向，期望通过高效的学科教育，培养学生的生命观念、科学思维、科学探究、社会责任意识，促进学生形成正确的价值观念，提升品格修养，实现终身教育、人的教育。鼓励学生积极、主动地参与探究学习过程，培养归纳、概括、演绎推理等务实严谨的科学思维，养成良好的自主学习能力与创新发展思维，可以在浩如烟海的知识信息中独立选择、收集、处理，能够利用所学知识解决生活中涉及的生物学问题。因此，过去单一化的课堂教学方法已然滞后，教师单向传播、学生被动接受的教育模式与当前我国大力倡导的新课程理念、核心素养的教育理念背道而驰。

二、高效生物课堂的生成

高中生物学业不良学生普遍存在基础知识不扎实、学习方法不得当、学习态度不认真、学习目标不明确、学习自主性不强等特点，要想使他们在短短的40分钟课堂时间内，能有知识上的收获，得到能力上的锻炼，获得心理上的愉悦，体验成功的乐趣，教师就要精心设计课堂教学环节。

（一）回顾

1. 回顾内容

根据本节课的教学任务，教师精心设计回顾内容，以与本节内容相关联的已学知识为主。

2. 回顾方式

根据回顾内容的特点和学生实际水平为依据，合理选择回顾方式：①提问；②小测验。

3. 回顾目的

高中生物各章节之间存在许多关联，前面知识是后面的基础，只有掌握好前一节的知识，才能迅速接受后一节的知识。学业不良的学生通常会出现课堂学会、课后遗忘的现象，所以，回顾课前知识，不仅有助于学生对已学的知识进行巩固，而且还有助于学生学习新课知识。

（二）导学

传导教学模式中，往往有学生课前预习这一环节。从表面上看，这有利于培养学生的自主学习意识，学习能力，可现实实施起来，却存在以下几方面问题：①许多学生未预习；②学生为了预习而预习，即学生找参考资料把答案抄下来，造成预习结果不真实；③加重了学生的课后作业负担；④教学内容缺乏新奇感。导学就是把传统教学中的预习由课下转为课上，使其更具实效性。导学中的"导"是引导、指导，由教师来完成。教师按照教学内容围绕本课学习目标和学生实际情况，先创设良好的教学情况，激发学生的学习兴趣，学习欲望，然后教师引导学生走进教学内容。这种引导是方向性、策略性极强的引导，教师选择学生感兴趣的问题和教材中的疑难问题进行有层次地设疑，引导，从而促进学生积极主动地学习。

导学有以下几个特点：①目的性。学生带着老师的任务进行自学，使学生自学具有方向性、目的性。②独立性。学生针对学习内容采用适当学习方法进行独立自主学习。③差异性。不同基础，不同类型的学生采用不同的学习方法来达成学习目标。由于每个学生的实际情况不同，虽然学习内容相同，但最后也会出现不同的学习效果。

（三）精讲

所谓"精讲"，是指在课堂上，在学生自学的基础上，教师组织，引导学生为解决"自学"中存在问题，所进行的相互实践、相互探究、相互学习。"精"，是指教师选用最恰当的语言，在最恰当的时间，对最需要讲解的问题进行阐述；"讲"，不仅仅是教师讲解，更可以采用多种不同形势，首先，可采取生讲的形式，即通过小组内讨论，使个别学生在"导学"中出现的问题通过组内同学的讲解得以解决。如果组内不能解决的问题可向全班学生请教，由班级同学帮助解决。其次，是师讲的形式。对于班级同学仍不能解决的问题，由教师进行进一步引导、点拨、讲解，最终将"导学"中心问题得以解决。

精讲有以下几个特点：①特异性。在解决问题过程中，并不是所有问题都要讲解。对于基础的问题，个别学生不能解决的问题主要依靠学生自己去解决；而对于班级学生普遍存在的问题，需要深入剖析的问题由教师引导学生，通过师生共同探讨，得以解决；对于学生难于理解的问题，则由教师通过生动形象地讲解得以解决；②互动性精讲中，学生与学生，教师与学生并不是孤立的，是相互影响，彼此互助的。教师按照学生的具体情况"精讲"，层层递进设置问题引导学生积极参与，解决问题。这里，没有一味讲解的教师，也没有完全被动听讲的学生，教师和学生是在交流和互动中达到共赢共长。

（四）训练

训练就是在课堂上，在"导学"与"精讲"的基础上，为了检测学生目标达成情况，教师组织引导学生理解本节课的学习内容，对掌握情况做出反馈。对于训练，要注意以下几点。

（1）教学模式。传统教学模式习惯于课后留作业，这对于优秀学生而言还可以施行，可对于学业不良的学生，他们往往不写作业，或只写选择题不写非选择题，有些学生为了应付老师还存在抄袭现象，这就使作业毫无价值可言，甚至还使教师无法对学生的学习状况有一个准确了解，很容易导致出现教学过程中的偏差。当堂讲、当堂练，首先使学生呈现"任务驱动"的模式。试想，如果事先告诉学生听完课就要考试，哪个学生会不认真听呢？当堂训练可以使教师及时真实地掌握学生的实际情况，并有的放矢地加以指导，使知识堂堂清、课课清。

（2）训练方式。当堂训练有口头训练、笔头训练、操作训练等，生物教学中的训练主要以口头训练和操作训练为主。

（3）训练内容。训练内容为教师根据本节内容精心编排，由浅入深，先是基础题，巩固新知识，接着是拓展题，有利于深化知识，提升认识，最后是延伸题，开拓思维，提升能力。

当堂训练有以下几个特点：①及时性。当堂学、当堂练，及时地对所学知识进行巩固，及时地将学生学习情况进行反馈，提高课堂教学有效性。②检测性。训练内容是教师精心编排的，通过训练教师能准备把握学生的学习状况，为下节课的教学安排提供依据。

（五）建构

建构知识网络，是生物教学中行之有效的一种教学方法、学习方法。学生普遍认为，高中生物内容概念多，知识点零散，单个知识理解起来并不难，难的是把相关知识联系在一起，形成一个完整的知识体系。学生不能建立知识体系的结果是在基础知识掌握中，知识易遗忘，细节知识易遗漏，在运用知识的过程中，无法有效提取相关知识，无法对已有知识进行灵活运用和去对问题加以解决。基于以上问题，生物教师在教学中要注意帮助学生建构系统的知识网络。一节课的知识网络，一个章节的知识网络，一个模块的知识网络，进而整个高中生物教学内容都可建构成一个知识网络。通过建构知识网络，可以使学生对生物学的各项内容之间的联系有系统明确的认识，有助于培养学生的逻辑思维能力、总结归纳能力、分析和解决问题的能力。

建构知识网络有以下几种方法。

1. 常规体系法

有些生物学知识，可以归纳成一个常规的知识框架。比如现代生物工程技术中的植物组织培养技术、动物细胞培养技术、单克隆抗体制备等各种生物技术教学中，基础知识就可根据概念、原理、过程、应用这四个方面去总结归纳，这四方面就构成了一个常规的知识体系，学生根据这一体系去理解、掌握知识，容易形成知识系统，更利于知识的准确记忆，灵活应用。同时，在学生建构知识体系过程中也培养了学生的归纳总结等能力。

2. 表格法

生物学知识中，常有一些易混淆的内容，学生掌握不准确，就会造成头脑中知识混乱，似是而非。表格法是有效解决这一问题的方法。把一些内容接近的生物学内容集中到一起，依次分析它们的相同点和不同点，根据相关内容设计简单明了的表格加以比较，使学生头脑清楚，知识间的异同更是一目了然。比如，学生对于有丝分裂和减数分裂的内容总是难以区分，如果建立一个相关的比较表格，再加以适当指导，学生就能在比较认识中明确相关内容。

3. 概念图法

高中生物学基础知识中，生物名词很多，学生普遍觉得生物名词很抽象，还有许多名词字面意思很接近，它们之间的层次关系很难记准确。据此，建构相关知识的概念图就成为一个行之有效的方法。如细胞的生物膜系统，就可建立概念图如图 1-1 所示。

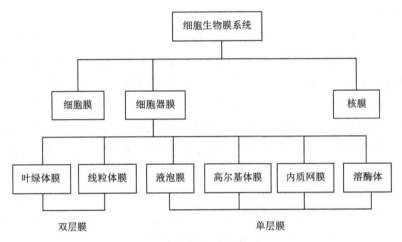

图 1-1　概念图法

通过上面的概念图可以看出，在图中相关知识层次分明地体现出来，各种知识之间的包含关系，并列关系一目了然，这些相对零散的小内容根据其内在联系形成了一个体系，教师易教、学生易记。

4. 发散联想法

生物学知识看似独立，其实各个知识之间都存在着直接或间接的联系，围绕一个知识，向外发散辐射，把与之相关的知识整合到一起，就可以构成一个知识环。如图 1-2 所示，就把基因及与之相关的知识联系在了一起。

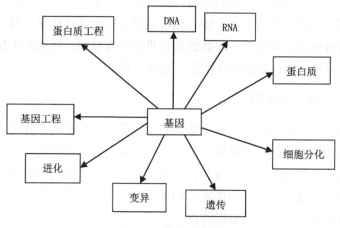

图 1-2　发散联想法

图 1-2 以基因为中心，向外辐射出各项相关联内容，把一些看似孤立的知识通过"基因"这一桥梁联系到了一起。学生根据这一体系去掌握知识，有助于了解相关知识的内在联系，达到事半功倍的效果。以上几种建构知识体系的方法，既相互独立，又存在着一定的交叉，在实际教学中，教师根据教学内容的具体情况，学生的实际水平可以进行灵活多变的运用，进而达到良好的效果。

第四节　高中生物学科能力结构

一、学科能力以及生物学科能力

（一）学科能力理论

基于现实情况，现在的中学教育不可能单独进行能力培养，需要将能力融入不同的学科之中，以不同的学科能力的形式呈现，这就是为什么要提出学科能力的理由。

学科能力可以分别从学生在学习某学科时的智力活动及其有关的智力与能力的成分、学生掌握该学科必须具备的能力、学生学习某学科的学习能力这三个层面来划分。其中，学生在学习某学科时的智力活动及其有关的智力与能力的成分是学科能力的基础和核心；学生掌握该学科必须具备的能力是直接体现这个学科的特殊要求与特殊问题的一般能力；学生学习某学科的学习能力、学习策略与学习方法这些都是学科能力。学科能力是学生的智力、能力与特定学科的有机结合，是学生的智力、能力在特定学科中的具体体现。林崇德从三个层面划分学科能力，其中第一层面的能力贯穿所有学科，其他两个层面的能力根据不同学科思维或认知的特殊性存在明显区别。

（二）生物学科能力

参考心理学对能力的定义，生物学科能力是将能力融入具体的学科之中所表现出来的独特的个性心理特征，即解决生物学科问题的能力。具体来说，生物学科能力包含有以下含义：首先，生物学科能力主要是指学生学习课程的特殊能力，即生物这门课程学习的特殊的能力。其次，生物学科能力也包括学生在生物学习时其智力发展及表现特点。

一般认为，生物学的学科特点包括以下几点。

（1）生物是一门以实验为基础的学科

生物科学发展历史上的每项重大突破都与其实验技术的发展密不可分。在生物课程设置中，探究实验一直是展现学生科学探究与实验能力的重要平台。因此，生物学科包含的基本能力有观察能力、实验能力、思维能力和科学探究能力。

（2）生物是一门具有创新性、时代性和生命性的学科

生物学科区别于其他学科最根本的特点是必须具备科学探究的能力，这是由它所研究对象的独特性决定的。21世纪生命科学的飞速发展，使得生物领域中的科学发展和科技热点成为生物学科知识应用的主要内容。生物课堂教学和课后习题中经常将知识与真实情境相结合，体现了生物学科的时代性。可见，生物学科应注重锻炼学生获取和处理信息的能力、创新精神和动手实践能力。

根据生物的学科特点，我们总结出生物学科能力应该是既包含了其他学科普遍的能力，又融合了生物学这门学科的特殊能力。在此介绍的生物学科能力是指高中阶段学生所具备的生物学科能力，其他阶段的生物学科能力不在讨论范围。

二、培养生物学科能力的影响因素

要达到真正有效的能力培养目标，仅仅通过知识的教学还不够，因为能力培养还与各学科的特点及其他因素有着密切的关系。在生物教学中，影响能力培养主要有以下因素。

（一）学科因素

高中生物是一门研究生物的结构、功能以及各种生命现象和规律的学科，属于理科课程类的基础学科。要培养高中生物学科能力必须总结出生物学科的特点，从中找出培养高中生物学科能力的学科因素，为我们培养生物学科能力打下良好的基础。

生物学科有很强的科学严谨性，它需要不断观察认知各种现象从而获取相关信息，进而思考最后付诸实践并且不断创新。概括来说，生物学科具有生命性、实验性、现代性、思想性、综合性等特性。具体来说，生物学科有其特有的生物理论知识作为基础，同时包含丰富的生物科学史和大量的实验技术，蕴含科学的思维以及模型方法，需要结合现代生物新理念进行综合运用。

学科理论的形成是人类智慧的结晶，是在不断发现、不断探索中形成的。而高中生物的学科理论常常以生物科学史的形式呈现。生物科学史是科学家智慧的结晶，它不仅为我们提供了相关的科学结论，还为我们展示了这个科学结论发现的过程。其中不仅包括整个探索过程所涉及的生物知识，运用的生物实验技术，而且蕴含了丰富的科学思维。因此，能否透彻地了解生物科学史，并且能否沿着历史的脚步不断推导生物学知识，是培养学科能力的关键学科因素。

（二）其他因素

生物学科能力培养中的其他因素主要可以从三个方面考虑。

1. 教师方面

教师的个人素质水平高低、对能力的理解和把握程度以及对能力训练和培养设计的合理性即教学实践等方面都会影响生物学科能力的培养。

就教师素质水平来看，具有较高水平的素质包括拥有过硬的基本功，丰富的生物学科知识储备，能够指导学生完成基本的学习过程。另外，教师对能力的理解和把握程度以及能否很好地将能力教学融入课堂都会对培养学科能力造成一定的影响。

2. 学生方面

学生的学习态度、学习的动机、课堂参与度以及学习方法等都会影响到学科能力的培养。其中，良好的学习态度和强烈的学习探索好奇心是关键。就学习态度而言，良好的学习态度中的尊重事实和坚持不懈在生物学科的学习中是非常重要的。生物科学发展史的许多经验告诉我们，必须尊重事实，绝不能想当然地认为自己的观点是对的，所有的观点都必须在实验的基础上才能得以证实，这一点无形中为实验能力和探究能力都打下良好的基础。另外，坚持不懈的品质在生物学习过程中也十分重要。对生物学科能力培养来说，开始可能只是简单地收集信息，简单地观察、认知生物，但只有坚持不懈，不断探索，才能逐渐培养出更高层次的实践创新能力。所谓"不积跬步，无以至千里"也就是这个道理。同样，只有做到坚持不懈，才能不断挖掘生物学科所蕴藏的知识，不断提升自己的学科能力。

其次是好奇心，学生对事物的好奇心是生来就有的，这种好奇心理并不需要教师来教。教师应当做的是怎样不断挖掘这种好奇心，让它对生物学科的学习起到推波助澜的作用，所谓"兴趣是学习的最好老师"的道理就在于此。教师要避免压抑学生的好奇心，比如观察自然现象容易引起孩子们的注意，教师应该多多鼓励，这样实际上也就是在潜移默化中培养学生的观察能力。同时要适当地引导学生花时间去追踪他们自己真正感兴趣的科学问题，这就是培养学生实验能力和探究能力的开始了。

3. 学校和社会方面

包括学校的课程内容和课时是否合理的安排，学校教育的资金投入以及社会对教育的认可程度都会影响学科能力的培养。良好的课程设置会给学生创造有利的先决条件，让学生从起跑线上就开始注重学科能力的培养。

比如本应该开设的生物课程和选修课不能因为学校的考试压力而缩减，本应该配备的教师和实验教室以及相关器材不能因为时间和经济的关系而减少投入。从基础抓起，生物学科的实验性很强，必须在实验课中强化训练，在选修课或校本课程中潜移默化逐渐培养学科能力。此外，学校和社会应理智看待生物学科的地位和重要性，不能以高考的分数比例对学科进行重点与非重点的划分，坚持以提高生物素养为目标而非以高考论英雄。

三、高中生物学科能力体系的构建

高中生物学科能力体系是培养高中生物学科能力的理论指导。生物学科能力体系的建构是实现和提升生物素养的保证。本节试图结合已有能力要素并进行适当整合和创新，列出高中生物学科的能力并构建出一个系统化的体系，以期为高中生物教育服务。

（一）生物学科能力要求比较分析

在教学中我们发现，教育界对生物学科应该培养哪些能力这一问题的看法不一，对生物学科能力理论基本问题的认识尚未统一。《普通高中生物课程标准（实验）》（以下简称《课程标准》）以及《普通高等学校招生全国统一考试大纲（生物·课程标准实验·2012 年版）》（以下简称《考试大纲》）这两个是纲领性文件，需要进行解读才能更好地为构建生物学科能力服务。另外，国内、香港、澳门的课程标准中的能力部分以及美国、英国、日本的学科能力所包含的内容也各有不同。鉴于此，本节拟对生物学科能力的具体内容进行比较和探讨，以期促进培养高中生物学科能力。

《考试大纲》和《课程标准》都对生物这门学科提出了能力方面的要求，但是具体内容有较大的不同，以下以表格的形式对两份纲领文件中关于生物学科能力的要求进行列举并比较，如表 1-1 所示。

表 1-1 《考试大纲》和《课程标准》对生物学科能力的要求比较

	能力类型	能力要求
考试大纲	理解能力	能理解所学知识的要点，把握知识间的内在联系，形成知识的网络结构；能用文字、图表以及数学方式等多种表达形式准确地描述生物学方面的内容；能运用所学知识与观点，通过比较、分析与综合等方法对某些生物学问题进行解释、推理，做出合理的判断或得出正确的结论
	实验与探究能力	能独立完成"生物知识内容表"所列的生物实验，包括理解实验目的、原理、方法和操作步骤，掌握相关的操作技能，并能将这些实验涉及的方法和技能进行综合运用；具备验证简单生物学事实的能力，并能对实验现象和结果进行解释、分析和处理；具有对一些生物学问题进行初步探究的能力，包括运用观察、实验与调查、假说演绎、建立模型与系统分析等科学研究方法；能对一些简单的实验方案做出恰当的评价和修改
	获取信息能力	能从课外材料中获取相关的生物学信息，并能运用这些信息，结合所学知识解决相关的生物学问题；关注对科学、技术和社会发展有重大影响和意义的生物学新进展以及生物科学发展史上的重要事件
	综合能力	理论联系实际，综合运用所学知识解决自然界和社会生活中的一些生物学问题
课程标准	基本操作技能	能够正确使用一般的实验器具，掌握采集和处理实验材料、进行生物学实验的操作、生物绘图等技能
	搜集和处理科学信息的能力	能够利用多种多媒体搜集生物学的信息，学会鉴别、选择、运用和分享信息
	科学探究能力	客观地观察和描述生物现象；通过观察或从现实生活中提出与生物学相关的、可以探究的问题；分析问题，阐明与研究该问题相关的知识；确认变量；作出假设和预期；设计可行的实验方案；实施实验方案，收集数据；利用数学方法处理、解释数据；根据证据作出合理判断；用准确的术语、图表介绍研究方法和结果，阐明观点；听取他人的意见，利用证据和逻辑对自己的结论进行辩护以及做必要的反思和修改

由表 1-1 可看出：《考试大纲》依据生物学科的特点和需要，从中学生物教学和高考命题的实践经验出发，提出了四个方面的要求：理解能力、实验与探究能力、获取信息能力、综合能力，并通过对能力的描述性解读，解释每一种能力的具体组成要素，界定该能力的含义。《课程标准》强调了科学探究能力和生物实验能力，倡导探究性学习，力图促进学生学习方式的变革，引导学生主动参与探究过程、勤于动手和动脑，逐步培养学生搜集和处理科学信息的能力、获取新知识的能力、批判性思维的能力、分析和解决问题的能力以及交流与合作的能力等，重在培养创新精神和实践能力。

《考试大纲》在生物能力的要求方面，较好地展示出了生物学素养与学生成长和发展的一致性与协调性。主要表现为以下两点：①《考试大纲》对教学大纲中的能力要求做了进一步的细化和补充，强调了学生应该关注科学、技术等对社会发展有重大影响和意义的生物新发展，将最新的科研知识与课本知识有效地融合在一起，扩大了学生的知识面；②《考试大纲》对各项能力的考查各有侧重，利于教师教学过程中的评价以及高考试题的命制，有利于学生能力的培养。

但《考试大纲》在能力的要求上有两点不足：首先，《考试大纲》对综合运用能力的考查定位不清晰；其次，《考试大纲》的作用是为了大学选拔人才，并不是为国民教育服务，故其中的能力要求不能作为生物学科的能力要求。

《课程标准》关于生物能力的要求，较好地体现了生物学科的基本特点，素质教育与学生发展的有机统一，主要表现为：①基于现代社会的发展，提出更明确人才培养要求，注重培养学生的探究能力、信息能力和实践能力；②重视科学思维和方法在培养学生能力中的作用。

同样的《课程标准》对能力的要求也有一些不足之处，比如在能力要求方面比较含糊，不够具体，而是笼统地将一些能力聚合在一起，例如"基本操作能力"主要指的是实验方面的技能，但忽略了学生的主观能动性，学生的模型建构能力、创造能力等。

（二）生物学科能力理论体系建构

无论是从生物教学实践的角度看，还是从生物考试与评价的角度看，《考试大纲》和《课程标准》分别提出不同内涵的能力要求，均不是一种合理的能力要求。另外，我们通过比较分析研究香港、澳门的《课程标准》甚至是国外的生物学科能力要求，会发现我们的生物学科能力理论是有待改进的。因此，要想培养高中生物学科能力，前提是应当存在统一的生物学科能力理论，能够提出合理的、为大家普遍接受的解释，且能够对能力的培养和测量要求作出明晰、精确的规定，这样才能有效地引导、解释和预测学生的生物学习活动。

生物能力理论的建构首先要有一个一般能力理论，在此基础上将一般能力理论与生物学科的基本特点进行统一。我们在一般能力理论基础上，结合生物学科的学科特点，构建新的生物学科能力体系如下：①观察与实验能力；②生物认知能力；③科学思维能力；④科学探究能力；⑤生物信息能力；⑥实践创新能力。这6种能力能较好地解决一般能力与学科特殊能力、基本能力与综合能力两者融合的问题。

1. 观察与实验能力

从能力理论的角度看，智力包含有观察力，技能则包含有操作技能。从生物学科特点看，实验既是生物这门学科的基础，又是这门学科的标志。观察和实验都是生物研究的基本方法，是获得感性认知、探索生物规律、认识生物现象的基本手段。因此，我们将观察与实验能力作为生物学科的基础能力。

生物实验能力是一种综合能力，它由多种要素共同组成。这种能力的基础包括生物基础知识、实验操作技能之外，还包括发现问题的能力、设计实验方案的能力、进行实验并观察实验结果的能力、对实验结果进行分析解释的能力等。根据《考试大纲》和《课程标准》的目标和要求，我们可以进一步制定培养生物实验能力的具体要求：①能正确使用生物仪器和试剂，用科学合理的实验方法完成规定的实验，并能初步处理实验过程中有关安全问题的能力；②根据对问题及实验结果的分析，提取适当的生物课题，设计或评价简单实验方案，探索生物规律、解决与生物有关问题的能力。

2. 生物认知能力

《布卢姆教育目标分类学（认知领域）》的修订版这本书从知识和认知操作两个维度来厘定认知领域的教育目标，并使认知操作维度包含的6个类目与19种认知操作建立对应关系。作者以此作为借鉴并结合生物的学科特点，总结出生物认知能力主要包括生物知识的理解、生物知识的记忆以及生物知识的应用。

生物知识包括生物定律、生物事实、生物原理、生物模型以及生物学科特定名词概念等。理解是认知的基础，可以具体为能够描述、解释和概括的心理能力。

记忆是在理解的基础上的升华，具体为将事物变成自己的影像存在大脑中，并且可以随时调取。应用是认知的最高级别，具体表现为能够分析题目、判断具体的生物事实并能够运用已有的生物知识来解答。要注意将应用和实践区别开来，实践更强调将知识用到课外和社会生活中去。

3. 科学思维能力

生物学科思维能力是依据生物知识，通过分解问题，然后进行对比分析，继而联想与思考，最后做出归纳和总结的过程。具体可概括为 4 项：①能将问题分解，把问题一一拆开，从中找出关键点。②能通过对比和分析，找到关键点并提取知识。③进行联想和思考将问题迁移、转换并重建，变成自身能够独立理解并能解决的层面。④通过归纳总结，逻辑性地组成一些规律，进行比较和论证，选择解决问题的最佳方案的评价能力。

4. 科学探究能力

科学探究是生物学科学习的重要方式之一，也是生物课程的重要内容，其在很大程度上影响了学生科学素养的发展，是学生主动获取生物知识、认识和解决与生物相关的实际问题的重要实践活动。与此同时，通过探究性学习，学生的生物探究意识和探究能力也有所提高。在科学探究的活动中，生物科学探究能力融合了多种能力，如提出问题的能力、获取信息能力、自主学习能力、科学思维能力、实验能力、分析问题的能力、交流表达能力等。由此可见，生物科学探究能力要求学生具备多种基础能力，在多种能力的共同参与下对生物问题进行探究学习。生物科学探究能力是新课程中一种全新的较为开放的能力观。

科学探究能力的具体要求为：①发现与生物学相关的问题，从生物学的角度较为明确地表述这些问题；②对解决问题和问题的答案提出假设，并预测实验结果；③通过多方面获取相关信息，制定实验方案，选择试验方法和实验材料并实施实验；④用多种方式搜集数据或现象，对实验结果进行分析、解释和描述。⑤总结经验，强化科学探究的意识，形成自主学习的良好习惯。

5. 生物信息能力

现如今人类已全面进入信息化的社会，信息能力即发现信息、搜集信息、整理信息、鉴别信息、转化运用的能力，俨然已经成为适应这个社会的一项基本能力。

生物信息能力具体表现为：①能从课外材料、重大科学进展和科学史中获取相关的理化生信息并进行初步加工和储存；②对各类信息的合理性、可靠性做出科学评价。

6.实践创新能力

实践创新能力就是发现问题、分析问题并且能够根据目的产生出新颖、独特、有社会或个人价值的解决问题的能力。生物实践创新能力是个体完成生物实践活动所需要的一种综合性的能力，它是以创新思维为基础、以解决问题为核心目标、以实践活动为载体，把生物学基础知识和基本技能相结合去解决现实问题的能力，并且解决问题的方案拥有与众不同的独到见解。

中学生的生物实践能力应包括以下技能和能力：①能够联系生产、生活实际，能够将实际问题分解。这里强调的是实际而非纸上谈兵，即非通过练习试题来解决问题的能力，而是通过综合运用生物及其他学科知识，采用分析归纳、整合的方法，分析解决实际问题的实践应用能力；②能够综合运用生物知识或相关信息，运用一定的科学方法，进行科学探究和探索新科学知识的创造能力。

四、培养生物学科能力的策略

（一）促进教师发展，提升教师素养

在学校教育中教学环节是由教师掌控的，这也就意味着教师在很大程度上决定了学生学科能力的培养问题。另外，教师本身的素养也会对学生产生潜移默化的影响，故也不能忽略教师本身的发展。

教师的发展对于培养好学生的生物学科能力十分的重要。因为在能力培养过程中遇到的很多问题和困难，这都要靠教师从实践中总结经验来弥补和不断完善。教师需要不断发展，不断提高自身素养，才能更好地为培养高中生生物学科能力服务。

要提高自我素养，教师必须要有扎实的学科专业能力做保证，也需要不断地学习，定期和不定期地进行教研活动，多听课，多参加校内外的课程讲座。另外，还提倡合作交流，通过教师之间的经验交流和学习，教师发展才能事半功倍。

（二）突出能力训练，优化课堂教学

培养学生生物学科能力必须立足于课堂，在教学过程中，合理设置教学环节，突出能力，引导学生主动参与课堂，获得能力的提升。

1.面向全体学生，合理设置教学环节

由于学生学习状态的个性差异性，教师应当充分注意到每一个学生，否则

必然导致不同学生的学习程度各不相同。面对这一难题，发现他特殊的地方，而实际上要做到这一点很难。学校和教师针对这一情况应制定并贯彻多样化的教学目标，同时还应注意到新课程的教学理念中提到的建立多样化的教学方式和开放的教学体系，才能做到"基础"和"能力"并重，实现学生学习的真正全面的发展。

例如，我们在介绍"光合作用"的过程这一节中，可以利用生物科学史，让学生跟随科学家的脚步，随着每一个科学实验的深入自己慢慢总结出光合作用的全部过程，包括反应的原料、场所、需要的酶以及生成物等。这个过程中就是新的教学模式体验，合理设置环节，让学生跟随实验进入课堂的学习。

除此之外，还可以提前介绍生态系统能量流动的能量来源，前后呼应。学生亲自体验从而总结，可以更好地将重点、难点分解，然后再整合。在培养学生生物信息能力以及科学思维能力的同时也不能忽略每位科学家的探究历程，从而潜移默化地促进学生的探究能力、实验能力的提高等。

另外，在教学中教师要合理设置课堂以及课后的环节，因为学生的生物学科能力不仅是在课堂上展现和培养，课后的潜移默化作用也是不可忽视的。课后可以通过作业让学生体验一些学科能力，比如动手构建模型也是观察实验能力、科学探究能力等的学科综合体现。故课后的活动和作业也必须精心设计，从而充分挖掘学生潜能，激发学生兴趣。

例如，可以让学生尝试构建真核细胞的模型，不限制材料，但所构建的细胞模型必须科学，包括细胞的结构，细胞内各结构的大小比例，包括所选择的材料能否体现细胞结构的功能等。这就变相培养了学生的观察实验能力以及学生的探究创新能力。

在能力培养过程中还需要同时注意做到增强初高中生物学科衔接。增强初高中生物学科的衔接有利于高一学生更好地适应高中学习生活。初高中生物学科的学习内容、学习方式以及地位都不相同，如果忽视衔接这一环节，可能会让一部分学生对生物学习失去兴趣，甚至在整个高中阶段都无法跟上，导致生物学科能力落后。因此培养高中生物学科能力特别要注意初高中的学科衔接，包括知识点和学习方法等。

首先教师应该深入了解初中生物的知识体系以及能力培养体系，通过巩固旧知识，引申到新知识，让学生找到新旧知识之间的联系，从而过渡到高中阶段。

其次，创设一个良好的学习氛围，包括课堂气氛以及同学之间的学习环境。这样可以让学生更快地融入新环境，从而开展一些建模等实践活动培养学生的动手能力、操作能力、实践能力以及团队协作能力等。

再次，教师应结合高中新课程理念，在教学过程中尽可能地指导学生体会生物思维方法，认识生物本质，鼓励学生在学习过程中，养成独立思考、积极探索的习惯，发展创新意识，从而尽快掌握高中生物学习最有效的方法。

例如，在初中已经明确提出了"基因是有遗传效应的 DNA 片段"这一概念，在高中相关内容的教学过程中，可以通过回忆初中知识，结合高中前面章节所学内容以及一些课外资料推导出"基因"的概念。让学生学会获取信息的能力，通过科学的思维和认知对"基因"这一概念下定义。

2. 改变学习方式，培养生物学科能力

首先，引导学生掌握科学的学习方法，帮助学生对自己的学习目标进行准确的定位，指导学生制订合理学习计划，找到适合自己的学习规律，从而能够促进自身学习效率的提升和学科能力的拓展。要在不同形式的课堂教学中培养学生热爱科学、乐于探索的能力，要充分利用丰富的 massive open online course （MOOC）课程资源。

其次，帮助培养学生良好的学习习惯，让学生从"要我学"变成"我要学"，化被动为主动，这样才会对培养学生自主学习能力以及创造能力的效果立竿见影，使学生真正受益。学习方式应包括两个方面，分别是课堂上的学习方式和课后的学习方式，课堂上的学习方式应以自主学习、合作学习和探究学习为主，课后的学习方式应以自主学习、基于问题的学习、基于实践的学习和基于网络的学习为主。

自主学习，是学生真正实现主动学习的必备条件。学生自主学习能力的提高，需要依靠大量的阅读，通过阅读提取所需知识，从而提升生物信息能力。合作学习是几个甚至十几个学生为了共同的学习目标、完成共同学习任务，在学习过程中实现明确分工、协同配合的一种学习方式。它将有助于引导学生培养团队精神，从而为其他学科能力的培养打下基础。探究学习是学生在已有科学理论基础上，按照自己的提出的设想，运用一定的生物学方法来研究探讨问题，从而获得实践和创新的能力。探究过程是学生主动参与的自主行为过程。

因此，探究学习有利于生物认知、思维以及科学探究能力等综合能力的提升。基于问题的学习，就是在设问过程中不断推进层层深入的学习方式。通过一个个连环、递进的问题串将学习的重点难点各个击破。学习和实践都应在整个过程中都相辅相成、相互依赖、互为统一共同形成有机的统一整体，基于实践的学习就是在实践的基础上进行学习。在实践的基础上进行学习强调在学习过程开展实践活动，如开展以认识身边事物、获取新知识、发展学科能力为目

的的认知实践。基于网络的学习就是在线学习或网络化学习的代名词，学习者根据需要，从网络获取他们想要获取的知识。在网络学习中要求学生增强搜索信息、获得资料、筛选并加工处理整合信息、储存利用信息的能力。

（三）构建多元评价体系，培养生物学科能力

评价体系绝对不仅仅局限在考试上，也不能忽视非考试型评价方式。比如现在十分普及的学生过程性学习评价，教师通过平时多观察了解学生，关注学生创新能力和实践能力。与此同时，教师也不应忽视学生的自我评价，对于学生的每一项能力甚至情感的发展都应给予关注和鼓励，这也是促进学生进行课后反思不断提升自己学科能力的一种间接体现。例如，可以建立学生学习过程性评价表，对学生的综合能力进行评价，让他们正确对待自己的综合能力。

第五节　信息技术与高中生物课程的高效整合

一、信息化技术在生物课堂中的应用方法

信息化技术相比传统教学模式虽然具备很多优势，但也不能滥用，否则会导致相反的效果，只有在生物课堂教学中合理的使用信息化技术，才能达到构建高效课堂的目的，一般常用的信息化技术在高中生物教学中的方法主要有以下几种。

（一）视频导入

在一节课的开端，我们需要在尽量短的时间内吸引学生的注意力，而对于新授课，采用新颖、引人入胜或者简洁而带有悬念的视频导入新课，能迅速地吸引学生的眼球，调动起学生的学习兴趣。新课采用视频导入后，课堂氛围更轻松，但所选择的导入影视必须简洁明了。作为课堂教学首环，绝不能出现由于视频的导入喧宾夺主，影响后续教学环节的顺利展开。

（二）多媒体演示

近年来在高中课堂，尤其是生物课堂里，多媒体演示已经逐步普及。教师根据教学的主要内容以及教学目的，有针对性地制作多媒体课件，结合直观的视频素材，展示生物体的结构组成、运动行为、生理代谢功能以及生命过程。所展示的内容相比普通教学模式更为丰富、具体。在生物实验课堂里，多媒体

技术能够更详细地演示实验的方法、步骤、操作细节及结果。

采用多媒体教学的例子很多,诸如微生物的形态结构特征、动植物的生命成长、各种代谢功能的发挥、分子生物学里遗传物质的传递、细胞对于化学物质的合成、亚细胞结构的呈现等。但多媒体演示需要严格与教学内容及目标相符,其中视频资源需要保证有科学合理的来源,切忌喧宾夺主。在多媒体课件的制作过程中,更需要充分考虑到学生现有的认知水平,在学生的知识基础上开展相关的多媒体教学活动。

(三)网络资源的利用与拓展

在课堂任务顺利完成的基础上,我们可以利用网络资源以强化学生对于知识的理解与记忆,在没有学习压力的背景下扩大学生的生物科学知识面。在课前准备工作中,教师需要提前准备与课程内容有关的网络素材,如在学习微生物的内容后,可以选择食用菌栽培的网络资源插入课堂教学的过程中,使学生加深印象。

(四)与其他的教学手段相配合

信息化技术在生物课堂中的应用究其本质也是实现教学目标的一种手段,准确来讲属于直观教学中的一种,相比传统的教学方法具备一定的优势,但在实际的教学过程中,绝不能无限放大信息化技术的优点,使之完全替代传统的教学模式。多媒体课件不能代替课堂教学,更不可能成为学生课堂学习活动的真正引导者。信息化技术在高中生物课堂中的应用更多的是需要与传统的讲授法、探究法、讨论法等配合使用,只有如此,生物课堂才会高效而精彩,教学目标才会达成。

二、构建信息化环境下的生物高效课堂的意义

(一)高效生物课堂是社会发展的要求

作为一门自然科学的基础学科,生物学科的实践特征决定了其本身并不是单纯的自然科学课程。近年来,涉及生物知识的各种"食品安全问题"凸显,伴随信息化网络的普及,诸如"养生方法"等难辨真假的各种信息在社交网络上传播得极其迅速。在此大环境下,生物学科也承担了公民科普教育功能。

相比于一般学科,生物具有相对广泛的学科背景与知识来源渠道,而加强对网络信息的甄别能力,避免以讹传讹造成不良信息的扩散对于引导社会舆论的健康发展具有重要作用。在传统教学模式的基础上,结合信息化技术,构建

信息化环境下的高效课堂是新课改理念的外在体现。以课堂效率的提高为主要目标，实现生物学课堂的高效益，让学生在有限的课堂时间内掌握相关知识点，并通过信息化手段加深学生的理解，有效地突破学科知识结构的难点，只有这样，才能有效地为学生减轻课外的习题负担。高效的信息化生物课堂可以让学生获得更为直观的感性认识，直接感受到生物科学对人类社会的影响。让生物教育真正走进学生的精神世界，在学生的思想中留下真正属于他们自己的痕迹。通过改进传统的教学模式，让学生在学习过程中加强与历史、与科学、与人的交流，从而使学生在交流体验中正确地认识生物科学以及自身，正确地认识生物科学与人类社会及地球环境的关系。教师需要及时更新自身的知识，把握教学理念，改进自身的教学方式，以激发学生的自主性，改变学生的课堂认识，促进其能力的提高。信息化环境下的高效生物课培育的不是以分数为标杆的"考试机器"，而是全面发展的优秀学生，这正是我国社会主义现代化建设所需要的社会人才。

在现实的压力下，在我国目前高中生物课堂中普遍存在着一些无法回避的问题。而高效课堂的构建能够成为破冰的有效手段和方法，随着时代的发展，信息化环境的普及，也给予高效课堂变革与创新的契机。互联网、多媒体等手段如果有效地与传统教学模式相结合，就能够最大程度地发挥其在知识传递方面的直观性、便捷性等优势，有助于高中生物课堂效率的提高，也符合新课改的教育理念，在为学生减轻课业负担的同时加强学生学习能力与创新性的培养，使得"素质教育"真正落实到现实课堂中。

因此，在目前的大环境下，加强信息技术与传统教学手段的结合，并开展相关的实践研究，是中学生物课程教学发展的必然趋势。构建信息化环境下的高效课堂，是新课改能否达成既定目标的关键，有助于学生个人素质的提高，也利于学校、社会的发展。

（二）高效生物课堂是全面推进素质教育的需要

所谓素质教育，注重能力的培养与提高。而传统的课堂教学模式很难达到这样的标准。为了学生、学校及社会的长远发展，我们必须对现有的教学模式提出新的要求并作出改进，信息化资源的普及就为新教学模式的产生与发展提供了基础。在生物教学中，信息化教学的穿插能够更为直观地展示学科知识体系，从而构建高中生物高效课堂。结合中学生的心理年龄特征，能够使学生在相对和谐的氛围下，进行自主探究以及创新性学习，使之主动去学，对于提高教学效率帮助很大。如此，我们在保证学生成绩的基础上，同时追求生物课堂的高效性，能够有效地提高学生的生物学素养，有利于学生的全面发展。

（三）高效生物课堂是新课改基本理念的内在要求

1. 对于学生而言

（1）自主性学习能力的提高

自主学习就是让学生主动学习，首先就要培养学生的学习兴趣，传统的课堂教学往往无法激发学生对新知识的探求欲望，只有将枯燥的课本知识变得形象直观，合理地使用信息化教学设备，才能够很好地达到这一目标。

（2）实验操作能力的提高

生物的基础是实验，所有生物知识均来自实验。在平时的实验课堂里，教师做示范实验指导学生操作，但很难做到对于每个学生实验操作细节的把握。多媒体技术能够通过录像多次展示实验的注意事项及细节，能够通过重复来强化学生的印象。

（3）科学素质的提高

生物也属于应用学科，学生所要掌握的并不仅仅局限于课本，更多的是要将所学的理论知识日常化生活化。在有限的课堂时间内，仅通过教师的口头描述是无法完成这一转变的，只有通过课外信息化资源的拓展与延伸，学生才能够了解更多的生物学的研究进展及其应用，逐渐培养学生对于生物的科学兴趣，提高学生的生物的科学素养。

2. 对于教师而言

①及时转变角色，这是新课改的关键与核心。师生在课堂里需要做到真正平等的交流。②及时更新教学方法。"探究式信息化教学"是现代生物学学科教学的发展趋势及必然要求。学生在课堂中不再被动，鼓励指导学生自主地去发现与探究新的知识，培养其创造力。③要求教师会熟练地掌握并且应用多媒体等现代教学手段。借助多媒体等信息化教学手段开展教学活动成为促进学科教学质量提高的重要突破口，相对于传统教学中的挂图、投影、教具等手段，多媒体等现代信息化技术具有无法替代的优越性。这就对教师应用信息化技术开展教学活动提出了更高的要求，也是社会发展的必然。

信息化教学的高效课堂是新课改基本理念的内在要求，在日常教学中，不论是教师还是学生，都应该遵循这一教学理念，让信息化教学在实际中得到更好的应用，提高生物学科教学的课堂效率。

三、信息化环境下高中生物高效课堂构建的结果评价

（一）学生学科素养评价

生物作为一门以实验为基础的自然科学，其核心就是通过科学的实验方法探究生命的自然规律。但在学生的实验操作过程中往往容易因为细节问题导致实验结果出现误差和错误，无法获得预期的实验结果来验证课本上的科学结论。在传统教学模式中，教师在指导学生开展实验的过程中，只能一遍遍地强调实验注意事项及步骤，很难做到面面俱到。由于实验结果不理想，学生会出现一些为了获得预期合理的实验数据而进行编造、抄袭等现象。如此不仅无法体验生物实验本身的探究性学习乐趣，同时也不利于严谨的科研态度及科研习惯的养成，创新性能力的培养也就成为空谈。但我们在实验课中通过信息化技术开展实验视频演示，与传统教学模式相结合，多次强化实验操作的重点细节后，在平时的实验课上可以发现，显著地提高了实验的成功率，从而使学生获得更多的成就感，有效激发学生的兴趣，提高学习效率。

在平时的教学过程中，学生而对于生物课知识的学习主要通过死记硬背。这样会抑制学生的创造力，同时也降低学生对知识的理解。而我们在课堂教学中发现学生对于生物学研究历史比课本内容更感兴趣，而生物学研究的历史本身就是不断的否定过程。由此我们借助信息化课件演示与课本内容相关的生物科学史作为导入，以启发学生对于科学研究的认知，也能培养学生对于知识的批判性思维能力。同时，对于生物史的认知，可以有效地还原科研工作者对生物科学的探索情境，让学生认识生物科学的发展规律："发现问题—了解问题—分析问题—解决问题。"引导学生学会批判性思维看待课本上的科学知识，养成解决问题的探索性思维习惯。

信息化技术在生物教学中的融入，能够有助于学生生物学素养的培养。目前，生物科技发展迅速，使得生活愈加便利。科技是把双刃剑，在对人类有益的同时，也可能会影响甚至破坏自然界本身。

（二）生物课堂效率评价

影响生物学科课堂效率的因素很多，而很大程度上都是由于学生本身的主观因素影响。通过信息化教学的融入，在很大程度上降低了学生的负面主观因素对于课堂效率的影响。多媒体视频在实验课中的引入，提高了生物实验的成功率。在平时的课堂交流中，通过信息化技术导入课程，能够激发学生对于知识的好奇心，有助于教师对课堂的掌控，打造轻松活跃的课堂气氛，与学生亦

师亦友。

我们在课程的讲授过程中，通过对于生物学历史的介绍，使学生逐步养成对于生命科学真理的探究性思维，强调批判性思维的养成与创新能力的培养。特别是在目前网络普及的情况下，批判性思维能力的培养有助于学生对于信息的甄别能力，对他们今后的成长具有很大意义。信息化资源的利用直观地展示生物学科的知识结构，动画演示能够有效地突破知识的重难点，使得学生对于生物课本内知识的获取与掌握更为高效。

与此同时，网络资源的普及与拓展，可以激发学生对生物的好奇心，能够扩展学生的生物知识面，其本身也是课内知识的外延。通过教学研究发现，与对照组学生相比，实验组学生更愿意主动地与教师交流。可以说，在本次教学实验研究中，我们所采用的信息化技术与传统教学模式的结合打造的生物课堂基本符合高效课堂的标准。

第二章　高中生物课堂教学的现状分析

随着教育素质改革的不断推进，生物教学无论是在教育目标还是教学方式方面都有了长足进步。近几年的高中生物教学开始注重更加贴近生活，更加注重学生的体验，而构建高中生物优秀课堂，需要学生亲自动手解决生物学科中遇到的一些实际问题。本章分为高中生物课堂教学的现状、高中生物课堂教学行为的分析两部分，主要内容包括教学评价存在问题、教学方法存在问题、课程资源的利用不足、课堂教学行为相关理论、课堂教学行为优化策略等方面。

第一节　高中生物课堂教学的现状

一、教学评价存在问题

新的课程标准在教学评价中对于课程实施的评价、对于学生的评价和对于教师的评价等方面都提出了更高的要求。但目前高中生物教学评价仍然存在很多问题。在高中仍然存在的"应试教育"的现状下，用考试成绩这种单一的方式来评价教师教得好坏和学生学得优劣依然是教学成果评价的主要标准。考考考，教师的法宝，分分分，学生的命根！这个说法依旧盛行。以考试分数的高低作为评价的标准确实有它不可替代的优点：客观、公正、便于操作。但从新课标的目标来看，其优点也正是其弊病所在。评价片面单一，抹杀学生的个性和差异，难于体现素质教育的成果等，不利于学生全面和个性化的发展，不利于学生除应试之外多种能力的发展、不符合现代社会对于人才的要求，不利于教师的专业成长，也不利于学校长远的发展。

所谓课堂教学效益，不单单是课堂效率的高低，不是简单地达成教学任务，而是指通过教师一段时间的教学后，学生可以获得的具体进步和发展。从高效课堂提出的课堂效率和课堂效益双赢的目标来看，现在学校仍然以分数作为主要甚至唯一的评价方式，显然与新课程提出的理念相背离。

二、教学方法存在问题

（一）教育对象主体性缺失

在传统教学中，课堂教学一直是授课老师的"独角戏"，教学过程过多地倚重于老师的灌输，学生在课堂中总是作为被动接受者的身份按照老师教案中的课程安排参与到教学活动中去。而高中生物课程具有众多的实验内容和与实际生活相结合的内容，这些内容都不是简单地通过课堂板书和语言讲解所能代替的。

（二）教学过程趣味性缺失

受传统应试思维的影响，教师和校方均产生了"分数决定教学效果"的思维定式，导致教师在教学过程中只把关注的焦点放在测试结果上，而不会对阶段性的学习进行分析、评价和反馈。同时，这在一定程度上也导致了大多数高中生物课堂中教师教学内容单一，授课方式守旧，甚至于堕入复习—讲解—练习千篇一律的"死循环"中。在这种常年不变的授课方式下，不仅无法体现学科知识的差异性，而且学生也逐渐丧失了学习生物课程的主动性和学习兴趣。

三、课程资源的利用不足

课程资源是实现课程目标的一个重要因素。课程资源包括教材、教具、挂图、模型、动画、课件、实验材料、实验仪器设备、学校实验室实验员的配备等有形的资源，还包括学生已有的知识能力基础、家长学校社会的支持程度等无形的资源。

一方面，新教材中对于学生的实验探究能力提出了更高的要求，并设计了很多探究活动。以必修3教材为例，教材中的探究活动就有如表2-1所示的分类。

表 2-1　探究活动的分类

探究活动类型	特点及能力要求
实验	学生动手完成实验，培养操作及观察能力
探究	学生自行制定研究方案，提高科学探究能力
模型构建	学生动手构建模型，运用建模的思想和方法
资料分析	提供材料供学生分析，提高信息处理能力

探究活动类型	特点及能力要求
资料收集及分析	学生自行收集材料，提高信息收集分析能力
思考与讨论	提出问题展开讨论，培养思维能力
技能训练	创设科学探究情境，提高思维过程技能
调查	学生对周遭调查，提高实践能力
制作	学生动手制作，提高实际操作技能
课外实践	指导学生课外实践，提高社会实践能力

对于教材中已经明确提出要求的科学探究活动，由于学校资源及社会资源的利用不足以及教师自身教学能力和开发利用资源的主动性问题，教师的应对不足。切实落实提高学生的实验探究和社会实践能力还存在差距。

另一方面，师生所需要的与新教材配套的挂图、教具、模型、课件、电子音像出版物、教辅资料等必备的教学有形资源方面学校配备不足。新教材中知识的更新较快，与老教材相配套的许多资源已难以满足新课程的教学需求。

以挂图为例，由于知识的更新，与老教材配套的挂图中难免有些与新教材的呈现有差距，使用起来很不方便；还有很多是新教材增添的全新的内容，没有相应的挂图辅助，教学起来也不直观。又如教具模型，新教材中提出了模型构建的新的要求。以必修3中血糖调节的模型构建为例，没有相应的"血糖升高""血糖降低""胰岛素""胰高血糖素"等基础的教具，学生如何在课堂上实现模型的构建？还有与新教材配套的课件，每节课教师需要重新制作。如果相应的配备资源更加充足，课堂教学的效率会更高。

再者，新课改后，高中生物新教材与旧教材相比，有一个很明显的特点，即增加了不少学生动手的实验内容，而学校在相应的实验室配备、实验员配置、实验器材和实验仪器更新等方面跟不上，使得在用新教材进行实验教学的过程中也难以达到新课标提出的要求。

还有，新教材中学生动手实验、探究活动设计的增加为教师的课堂设计提供了很好的素材、教学设计的思路和良好的发挥空间，但教师自身主动学习和对新增加的生物实验研究不足。一些学校的教师采取口头讲述的方式或者播放实验视频的形式，把实验过程和结果交给学生。这样的做法严重违背了新课程三维目标中倡导的"注重学生的科学探究能力及正确使用一般实验器具等实验操作技能"，剥夺了学生的动手能力的发挥，有悖于新课程的理念在具体教学中的贯彻和体现。

还有的学生在错误的指导下形成了错误的学习方式。他们惯于听老师讲，然后做题，认为题海战术是学习理科的法宝，认为高考反正不考察具体的生物实验操作，因此对于生物实验课的热情不高。原本就宝贵的实验课，却难于实现预定的教学目标。到了生物实验课的时间，有些学生动手不积极，敷衍了事，对实验过程马虎，做好做坏也很少反思，甚至还有些学生干脆偷偷不去实验室，留在教室自习。这种对待实验课的错误态度和做法也在一定程度上影响着实验课的效果。

高中生物课在课程资源的利用上存在很多的问题，使得教学过程中不能很好地实现新课程提出的学生学习的三维目标，也不利于高效课堂的构建。

四、高中生物学科不受重视

在多年的考试制度下，家长、学生和学校对于高中的学科已经形成这样一种认识：语数外理所当然是学习的主要科目，为什么？当然是因为这几门学科在考试中的分值比例最大！生物呢？一门不重要甚至可学可不学的副科，他们觉得在高中学生学业负担繁重的现实中，没必要在生物这门课的学习上花费过多的时间和精力。学校为了片面追求升学率，提到自己学校的声誉，当然也会在具体的课时安排上体现其中的轻重关系。以某重点高中的生物课为例：高一安排每周 2 节课，高二每周 3 节课，高三则加到每周 4～5 节课。这种不均衡、不合理的课时安排难于满足课程设计的要求。甚至由于被重视程度的不足，往往会在不好的时间段安排上生物课，生物教师在学校经常上早上第一节、最后一节和下午第一节这样的"临界课"，课堂效果也因此受到一定的影响。曾经高考一度取消生物这个科目对于高中生物的教学影响足以影响人们的观念。即使现在改变了高考的方式，生物作为高考科目，在理科综合考试卷中，生物的其分值也从 60 分，到 72 分，到今天在物理化学生物共 300 分的理综试卷中占 90 分。但是，在高考仍然是我国乃至全世界最佳的选拔人才的方式的今天，在学生家长和学校领导及广大教师的心中，语文数学外语仍然是主科，物理化学的学习也远比生物学科重要。这种根深蒂固的偏见也使得我们的学生在生物课堂上出现不重视这门学科的学习的一些表现，比如上课投入不够、课后懒得复习等学习效率低的状况时有发生。在生物学科的学习上，学生在课后花费的也是最少的学习时间和精力。

当然，高效课堂的目的就是减少学生的学习负担，但课后学生总是把生物学科的复习巩固摆在最后，甚至在社会上五花八门的教辅参考、补习班等，生物学科也是极少有人问津的。不得不承认这原本就不正常甚至畸形的学习现状还是折射出学生对生物的学习态度不够重视。学生、家长以及学校对于生物学科的不重视，一定程度上对生物教师的教学情绪和教育教学工作的积极性有所打击。人们对于生物这门学科的重视不够也使得高中生物课堂教学的高效性受到影响。

五、初高中生物学科的衔接现状

初中和高中的生物课程从课程理念、课程目标上保持了高度的一致性。课程理念是倡导探究性学习、提高学生生物科学的素养以及面向全体学生的共同的理念。

在理念指导下的课程目标也具有很高的连贯性。课程的具体内容上也形成很好的衔接，存在递进的关系，各有侧重。初中的生物学科比较侧重关注生命现象的呈现，而高中的生物学科则更注重现象背后本质的研究。在相同的话题中，侧重点的不同，符合学生不同年龄的认知规律，同时也避免了不必要的重复，保证了新课程总体目标的实现。

原本在改革思路上很好地考虑到了初中生与高中生的在生物学科学习上的衔接，但存在一些问题。初中在课程安排上，在初一和初二年级开设生物课，并且不参加中考，只有结业考试。所以进入高一年级后，即使生物原来学得很好的学生也有至少一年没有学习生物学科，因而感觉陌生。由于近年来中考中生物学科的考试取消，使得实际情况又一次与改革方案推行的初衷相悖。中考不考生物，原本是减轻了学生的学习负担，但从另外一方面也大大影响了初中的生物学科教学目标的达成。在学生和家长以及学校唯考试论、唯分数论的今天，这也直接影响进入高中阶段学习的学生的生物学科的基础。由于高中的生物教学与初中的生物教学依存性很强，彼此在知识结构能力要求上衔接递进，如果初中阶段生物学习存在漏洞，进入高中以后学习难度就很大。作为高中的生物教师，不得不面对的一个事实是很多孩子初中几乎没有认真学习过生物课程，在开始高中的生物学科的学习时，其生物学科的基础几乎为0！这在很大程度上加大了高中生物教师教学的难度，年龄的递增和基本生物科学素养的匮乏，是高中生物教师不得不面对的学生现状。高中课时有限，对于初中阶段学生本该知晓又不知道的生物学知识，如何处理？不可能有大量的时间回补，更不能无视学生的认知现状盲目乐观。

六、课堂教学过程中存在的问题

高中生物新课标要求生物教师转变传统的教学观念和教学方式，一切以学生的发展为中心，强调"生本位"。一线教师作为教育改革的践行者，在教学过程中也做了大量的工作，努力实现新课标的要求。但是在实际的教学过程尤其是课堂教学中，还是存在很多具体问题。

首先，很多老师由于理念上对变革的接纳程度有限，对新课程理念认识模糊，没有正确理解新课标和新教材的关系，不是用教材教，还是继续教教材。这样的指导思想影响了新教材在使用过程价值的体现。他们喜欢将新旧教材相比较，因为习惯了旧教材的知识体系而以旧教材的课程内容为教学中的参考，如果有些具体知识点新教材已经删掉而旧教材上曾经有的，还会利用课堂时间进行增补。这种教学过程中普遍存在的做法不但没有领会新课标的实质，反倒额外增加了学生的学业负担。原本新教材就比原来的教材内容更丰富，对学习的学习能力要求更高，删掉的知识点必然有它删除和变动的缘由，如果不能接纳和领会新课标的改革精神，就会给自己的教学过程和学生的学习带来沉重的负担，这种穿新鞋走老路的做法更是背离了新《课程标准》的内在要求，离新课标的核心理念倡导的素质教育越来越远。

其次是在新课标推行的过程中，由于依赖的理论基础的变动，人们对新的理论、新的课程与教材的关系、新的评价标准等需要一段时间的认识和摸索的过程，需要在实践中经历一个验证和反复论证的过程。所以对于新理念下该如何进行生物课堂教学、怎样的课才算好课、标准如何、如何评价等问题的困扰导致高中生物课堂教学在新课改后的一段时间内依然效率不高。师生在课堂上的交流流于形式化，从开始的满堂灌发展到为了追求探究学习氛围而满堂问，从一个极端走向另一个极端。生生间的交流也存在问题，分组合作等交流也往往流于形式，合作学习效率低，缺乏有效的合作，学生难以从合作学习中受益，难以真正实现课堂教学的高效性。师生关系定位不准，在我国的传统观念中，教师一直是"传道、授业、解惑"的行家里手，改变很难在一朝一夕内彻底完成。教师的主导地位仍然显著，学生的主体地位体现不足，课堂教学难以满足学生在学习过程中渴求的成功感、喜悦感，实现课堂效率和效益的双赢。课堂教学的探究活动很多时候也过于程式化，形式与内容的结合不够紧密，课堂预先设定的教学目标，特别是学生的能力目标和情感态度价值观的目标达成情况不理想。

在实际的教学过程中特别是进入高三复习阶段后，还出现教材和教辅资料使用本末倒置的情况。有的学校甚至用资料代替课本进行一轮、二轮的备考复习课，渐渐离教材、离课标的要求越来越远。这样的教学渐渐背离了课程标准的要求，可以说是误入歧途，离高效课堂也越来越远。

七、对新课程理念和课程设置认识不足

新课改的理论基础是：多元智能理论、建构主义理论和人本主义学习理论。在此理论基础上提出的新课程的基本理念是：提高学生的生物科学素养，强调面向全体学生，指导学生进行探究性学习。其中，尤其强调学生的"生"本位，"以人为本""以学生的发展为本"是课程改革的基本出发点；改革中形成开发型的课程观是建构现代化课程体系的必然选择；而民主、平等、尊重、宽容的新型师生关系是新理念推行的牢固基石和保障；学生的学习目标中强调"三维目标"的整合；师生要共同树立终身学习终身发展的学习观；在评价机制上要树立促发展的评价等，这些对教师的教学观念的更新都提出了具体的要求。这些观念的更新需要通过一系列的学习实践过程才能初见成效。尤其是对于从教多年的老教师来说，有些人认为新的理念撼动了多年来教师这个职业的权威性，一时间难以接纳；还有一些人对于新课程理念的理解上比较片面，认为只是形式或说法上变化，在具体的教学过程中也就换汤不换药、隔靴搔痒的状况时有发生。对新课程理念的认识和接纳程度的不足，是高效课堂建设中的一个本质上的制约因素之一。高效课堂的构建是建立在新课程理念基础上，着眼于学生学习和发展来制定教学目标，并以教学目标的达成情况评定课堂教学的高效与否，如果基本的理论和指导思想存在偏差，必然会影响课堂的高效性。

体现新课程的理念，实现教育的价值，达成课程设置的三维目标，主要是通过课程这个具体的形式来体现，而课程在学校的教育中处于核心地位，新的课程必须体现新课程理念提出的学生学习的三维目标。

要体现新课程提出的三维学习目标，必须通过新的教科书来实现。新教材是在新的课程标准的指导下编写的，是新课程理念的具体体现。把新教材与旧的教材做比较，可以明显看到主要增加的是以下几方面生物内容：科学过程与方法、科学探究活动以及与社会个人生活的联系。这种增加和转变与新的课程标准所提出的新的理念是密不可分的。新教材在内容的改变上，还删减了相对而言"繁、难、偏、旧"的部分，以及完全与时代脱节的部分，加强了教学内容自身与学生的生活实际的联系，同时还设计了更多的学生能够参与亲自动手的实验内容，贴合新的课程标准的三维目标中能力目标的要求。新教材使得学生的学习的趣味性更强，教师的教学形式也更加丰富多样；在教材观感上大量增加了图片、图形、图表的比例，使得教材更加贴近学生的喜好。在内容及形式上与时代的发展紧密结合，使得新课程显得富有趣味，可读性更强。但是对于已经教授多年老教材的很多教师来说，习惯了老的教材的编写顺序、教学方

式，已经形成了固有的适应老教材的一套教学模式及训练方式。在面对新课程的时候，教师学习新课标和新教材就是一个相对浩大的工程。这个学习和变更的过程不仅仅是教学内容上的变更，更多的是要求教师教学思维、教学理念的改变。其中，教学理念的根本转变尤为重要，也更加困难。这个工作在实施推广的过程中如何开发和利用新课程资源是首先要面对的具体问题。

新教材与老教材相比较，由于课程目标的变化，其在知识结构、知识内容、知识之间的联系以及呈现方式和顺序上都有较大的变化。如果教师没有充分理解新课程的改革宗旨，还仅仅停留在知识传授的层面上，就会出现很多不适应的问题。

举例来说，新教材在"遗传学"的知识呈现中先是"孟德尔遗传定律"，再讲"细胞的减数分裂"，遗传才是"生物的变异和进化"，并且关于"生物的个体发育"完全删除了。为什么这样改动？如果仅从知识与知识之间相互的逻辑联系看，似乎老教材逻辑性和知识之间的关系更顺畅，但新教材之所以这样呈现，依据的是人类对自然世界和未知规律的探索进程。人类认识世界原本就是先看到现象后研究本质，不是先知道本质再看到现象，才用已知的定律来解释现象。至于完全删除的内容其实是因为这部分的内容在初中的生物学里已经有了，高中的课本中才不再重复出现。其实新教材的呈现顺序更多地考虑到人类自身对科学及自然的认知过程，是遵从人类对事物的认识发展规律的，同时也是与学生的年龄认知度相适应的，与新课程的基本理论基础是相适宜的。但如果没有深刻理解吃透新课程的基本理论，仅从知识的层面上去理解，就会出现偏差。这些都是建设生物高效课堂具体操作中存在的问题。

第二节　高中生物课堂教学行为的分析

一、课堂教学行为相关理论

何为优化？课堂教学行为优化的理由是什么？要想解决以上问题，首先需要理清课堂教学行为系统的内部机制，在明确课堂教学行为组成以及其间的作用关系的基础上，设定的课堂教学行为优化原则才能具备生命力和普遍性。

（一）课堂教学行为的结构组成

课堂教学行为是一个系统，由不同的成分组成，根据不同的划分原则可以将课堂教学行为进行不同的结构划分。根据行为主体的不同可以划分为教师行为和学生行为；根据行为的表现形式可以分为外显行为和内隐行为；根据行为的性质可以划分为操作行为和认知行为等。但不论是根据那种方式来分析课堂教学行为，其都具有整体性和联动性，是一个复杂的系统。

因此，课堂教学行为是一个复合型的行为系统，由行为主体产生，富含教学主体的情感和目的，通过一定的教学手段来表达，最后形成某一结果。本研究根据这一思路，将课堂教学行为划分为以下四个角度。

1. 行为动因

行为产生的原因分为内因和外因。认知行为主义理论认为，行为是由自身内在需要，即内部动机所产生的；行为主义的基本理论认为，行为是由外界刺激所产生的。因此，课堂教学行为发生的原因也可以分为内部动机和外部诱因。

内部动机顾名思义是人物主体内部需要，是师生的情感、认知等心理活动与外界社会之间联系的一种反映，是促使某一目的达成的直接心理内驱力和内在动力，常常表现为兴趣、意愿、信念等。影响内部动机的因素有三点，第一是内部需要，第二是认知和情感作用，第三是无意识的心理活动。

（1）动机产生的原因即个体内部需要

内部需要是指个体的生理或者心理在某一方面感受到不足或者处于不平衡状态时，产生的达到平衡状态的倾向。课堂教学是社会活动的一种特殊形式，师生在这一社会活动中存在一定的内部需要，即达到某种平衡的心理倾向。

因此，在课堂上可以充分利用师生的这一心理特点，激发其学习或者教学的动机。结合奥苏贝尔的成就动机理论，教学行为产生的动机也可以分为三个方面的内驱力：即认知内驱力、自我提高内驱力、附属内驱力。认知内驱力，即师生渴望获得认知，要求掌握知识和系统地阐述问题并解决问题的倾向。学生学习的认知内驱力多半是从好奇的倾向中派生而来的。这种内驱力受外界情感的影响，特别是他人的评价和长者的期望。总而言之，师生在教学活动中会产生尊重、信任、归属与爱、自我实现的需要。这些需要和欲望的大小程度决定了师生教学行为产生的动机强弱。

（2）动机受情感和认知的影响

个体在受到外部刺激时，大脑加工新的信息，影响原有的认知结构，可能会产生动机；也可能产生某种情感体验，或者是成功的感受或者是受挫的感受。因此，在课堂教学情境中，师生会因为外部刺激产生或兴奋或压抑的情绪，从而影响其产生某一行为的频数。

（3）动机受无意识的心理活动的影响

师生在步入课堂之初往往是情绪饱满的，兴致盎然的，内心充满希望和遐想。因此教学之初往往是由好奇开始，随着教学的一步步深入，通过不断探索、求知，学生感受到学习的乐趣，由此产生兴趣；接着进一步地深入探究，形成自己独到的见解和新的认知，从而形成学习的信念。实际上，在课堂教学过程中，行为的产生很多情况下都是由好奇开始，在兴趣的指导下，最后形成信念。这一心理活动往往是无意识的，所以师生的很多课堂教学行为是在不知不觉中发生的。

外部诱因是指外界不可控的因素，包含各方面的内容，在课堂教学中体现为他人行为、教学环境、课堂气氛、社会文化和价值观。因此，课堂教学行为同时还受到外部诱因的影响。课堂教学行为是由教师和学生双主体产生，是一个多变互动的交流过程，因此，二者的行为表现往往受他人的影响，如教师会根据学生的行为反应灵活改变教学策略，学生也会因为教师的提问、讲解产生思考和表达。

由此可见，他人行为是影响个体教学行为进行的最直接的因素。教学环境、课堂气氛、社会文化和价值观是教学行为的约束条件。教学从根本上讲是个体社会化的过程，教师、学生都存在于社会之中，因此其行为表现一定会受社会环境的制约。

2. 行为目的

教学行为目的往往源于教学目标，是行为的手段和结果产生的前提。教学行为目的是以国家教育目的为前提，符合课程标准，根据各级政府和学校的要求和任务，结合教学内容而展开的，与教师设置的教学目标是一致的。课堂教学行为的目的中实现教学目标是一个重要部分，因此为了实现教学目标，就会落实到具体的教学行为上。例如，教师通过讲解、板书、提问，或者是学生通过倾听、思考、提问、书写等具体行为，才能达到某种认知、技能、情感上的目标实现。从新课标对教学目标中行为动词的表述也可以看出，目标的实现与行为之间有着密切的关系。

除此之外，教学行为的产生到教学目标的实现是经过多重转变而来的。教学目标基本上是在课堂教学行为发生之前产生的，教学目标的实现并不是某一个教学行为的发生就能达到的，往往是一个行为诱发一个或者一连串的行为，从而一步步实现目的。其次，为了达到较高层次的目标，相应的行为表现也会较复杂，此时就需要由一个个简单细小的行为堆积而成，所以一个复杂的行为表现需要多个简单的可操作的行为叠加生成。

3. 行为手段

课堂行为手段是达成行为目的的方式和途径，它包括实体和非实体手段。实体手段是具有可见、可感知的实物所承载的，具体表现为师生语言、神态、动作，书本文字、图画，多媒体信息等。非实物的手段包括具体方式、方法和精神手段。具体的方式方法有教学策略、技能，如导入、总结等；除此之外，还有学生学习的方式方法，如合作、探究、自主学习等。它们以不同的状态和呈现方式共同作用于课堂教学行为，使其能够达到更为复杂的教学行为目的。

4. 行为结果

课堂教学行为结果是指教学行为实施后所产生的事物变化，包括行为的变化和目的的达成状态，它是行为发生的直接后果。按照是否可预测，行为结果可以分为预期行为结果和非预期行为结果。预期行为结果是指师生做出一定行为必然导致相应行为的发生或者是预料之中的其他行为。如讲解一定会产生倾听，操作一定会产生观察和模仿，意料之中的行为，包括实施者期望产生的相应行为，如学生倾听伴随着思考等。非预期行为是指意料之外的行为，如教师提问之后预期学生会回答唯一的答案，但学生呈现出各种各样意料之外的答案，是教师计划外或者未有期望的行为。按照行为结果的呈现状态可以分为显性行为和隐性行为。显性行为顾名思义为可见的、外在的行为，所有可见的行为表现都为显性行为。隐性行为是指肉眼不可见的、内在的行为，但这种行为往往能透过显性行为间接地传达。如思考为隐性行为，但可以通过其提问、争论等外部行为来反映其进行了思考。行为结果的表现还可以分为长期和短期的，如意识形态、价值观等思想态度上的某一状态是长期稳定的呈现形式，只有从行为结果量的改变才能引起质的改变。

综上所述，课堂教学行为由行为动因、行为目的、行为手段、行为结果四个子系统相互作用而形成。

（二）课堂教学行为的内部联系

1. 互动关系

教学行为互动是指教师教学行为与学生学习行为相互作用的过程和结果的总和。因此，教师和学生一定都是教学行为的主体，要想研究课堂教学行为势必要将教师行为和学生行为结合起来，全面分析其各自的特点和相互作用的关系，不可分割开来。互动行为有不同的表现形式，如师生互动、生生互动；或者是个体与个体之间的互动、个体与群体之间的互动、群体与群体之间的互动。教学行为互动是课堂教学行为最终展现的状态，分为对称性互动行为和倾斜性互动行为。对称性互动行为是指互动双方处于平等的位置，双方的行为相互影响，在进行互动的过程中以平等的眼光看待对方。在这类互动过程中互动双方同等重要，没有优劣、主次之分，二者缺一不可，如辩论、问答、讨论、合作等。倾斜式行为互动是指互动双方处于非平等的地位，其中一方为主，另一方为辅。但这类互动行为还是以平等的观念为前提，只是表现主体出现主次之分。如讲解和倾听中，讲解占主导地位；操作和观察中，操作占主导地位等。

2. 因果关系

因果关系的行为在某种程度上体现了行为发生的必然性，即某种行为的产生一定是由于另一行为或环境的诱导。还以上面提到的讲解与倾听、操作与观察为例，其中倾听是由讲解引发，观察是由操作引发。环境和行为也具有一定的因果关系。从某种程度上讲，课堂环境的缔造者即为师生，所以课堂教学环境的产生由师生行为引发；反过来，课堂环境如课堂氛围也会是课堂教学行为产生的原因。

3. 控制关系

课堂教学行为之间还存在控制关系。在互动关系中本身就存在相互制约、相互促进的作用，所以课堂教学行为本身就是相互控制的。除此之外，在倾斜式互动关系中，教师常常处于主要地位，教师的教学行为会对学生的学习行为产生极大影响。教师强制性的教学行为，如点名回答问题、布置作业、对教学内容的安排、教学方法手段的选择、惩罚、批评等，都具有一定的控制性，直接限制了学生课堂上行为的产生。

（三）课堂教学行为组织原则

课堂教学行为的优化标准是什么，在通过研究课堂教学行为的构成及其内部联系的基础上形成相应的优化原则，才能更好地发挥课堂教学行为之间的联动作用，形成课堂教学行为生态网络。通过文献研究，根据课堂教学质量评价的有效性，以及课堂行为的基本特征，归纳出以下三条课堂教学行为优化原则。

1. 高效原则

所谓高效在课堂教学行为中，则表示为课堂行为效率高。在工程问题中，效率＝产出／投入，那么延伸到课堂教学行为上，则表示课堂教学行为的效用是以投入和回报的比值为评判标准。如何判断课堂教学行为的投入和回报呢？一般教学行为的投入包括物质和精神两个方面，具体表现为人力和物力的投入。那么，如何判断课堂教学行为的回报多少呢？关于这一问题一直存在争议，不同的价值观有着不同的观点。本研究追溯到教育的本质上来做出评判标准，这样就尽可能适应普遍的价值判断。教育的本质是培养人，那么一切满足人的发展需求就可以看作是教学行为的回报。本研究遵循以人为本的价值观，将一切个体的需要，包括生存需要、自我实现需要、尊重与爱的需要等，这些人的需要的满足视为教学行为的回报。但相对于某一课堂上发生的课堂教学行为的高效性，这一判断未免有些宏观。因此，落地到每节课，则侧重于课堂教学行为是否与课堂目标相符，是否做到了科学文化知识传承和学生技能、情感、价值观发展的需要。

2. 稳态原则

稳态是指相对稳定的状态。课堂教学行为优化也需要保证课堂教学的稳态。任何一个系统的稳态都包含两个方面：①系统运作有序，②系统具有一定的自我恢复和运作能力。课堂教学行为是一个动态的过程，它随课堂教学情境的变化而变化，因此，在与外界系统进行互动时要保证一定的秩序，这样才能保证内部运转的稳定。此外，课堂教学行为系统能够在外界无序的过程中依然能够保持稳态，这样的行为系统才能更大程度上支撑课堂的有序运行，体现教学行为系统的生命力。

3. 规范原则

规范是解决自由发展与和谐公正之间矛盾的有效准则。课堂教学行为中的规范指的是，规范课堂教学行为的自由和公正，即平衡师生个体的自由发展和师生共同构建和谐公正的教学环境。规范原则既对师生的教学行为进行了一定的约束，又能起到激励师生以规范为参照进行活动。

高效、稳态、规范原则是课堂教学行为优化的基本原则，同时也为师生课堂教学行为提供了一个检视标准，有利于发现课堂教学行为中存在的问题，及时调整和改善教学行为，同时能够提出课堂教学行为的优化策略。

二、课堂教学行为优化策略

根据上述课堂教学行为优化的理论基础，结合高中生物课堂教学行为存在的具体问题，在此从客观、主观两个角度提出课堂教学行为优化策略，归纳出具体的实施策略。

（一）课堂教学行为优化的环境支持

课堂是教学活动的主要呈现场所，教师和学生在此从事教学。课堂环境包括物理环境和社会环境。其中，物理环境主要指教室的场地、设备、光线等物质条件；社会环境是影响课堂教学行为的人文因素，包括文化、情境、目的、师生关系等。针对高中生物学课堂教学行为存在的相关问题，提出了以下优化策略建议。

1. 物理环境

在实践调查中发现，有85％的课堂采用学生小组合作的教学行为。小组合作是小组成员根据共同的任务和目标，相互交流，分享彼此的智慧，共同解决问题的学习方式。合作的基础是交流和倾听，因此需要营造良好的交流环境，物理环境是基础。目前我国课堂教学中学生座椅的摆放一般是面朝黑板单人单桌，或者两人同桌。"秧田型"的桌位不利于学生的交流、讨论。因此，教室课桌椅的摆放应根据课堂需要进行合理摆放。就生物课堂而言，更多情况下应该采用小组成员面对面摆放桌椅的方式进行教学，这样学生与学生之间的互动行为可以得到保证。

采取此措施的确可以提高生生互动行为的效果，但是使用或者监管不当也会造成不良后果。很明显，这种座位方式有利于课堂小组合作的进行，但也加深了学生之间不利的影响，如讲小话，并且这种影响的范围会比传统的座位方式要广。除此之外，这种方式还会造成小组成员相对固定，因此，小组成员的选择和搭配也就是教师需要面临的问题。

通过实际观察和访谈，发现经常进行小组合作教学行为的班级，学生基础能力比较强，师生反映效果优良。因此，学生自我管理能力和合作能力较强的班级结合自身实际情况选择此策略。

2. 社会环境

良好的课堂氛围有利于课堂教学行为的良好发挥。良好的课堂氛围是指课堂内充满民主的气氛，教学局面生动活泼，师生关系良好，学生积极性高。目前高中生物课堂呈现倾斜式教学行为，特别是倾向教师主体，教师拥有绝对的话语权和控制权。教师应该放权，让学生自主活泼地学习，与学生建立民主型的师生关系。与此同时，教师要充分了解班级学生的性格特点，因材施教，有效激发课堂活力，特别是课堂活跃度比较低的班级，教师应设置一些让学生感兴趣的导入形式和内容，激发其学习的兴趣。

课堂情境是教学行为产生的温床，良好的课堂情境是课堂教学行为质量的保证。因此，创设合理的课堂情境尤为重要。首先，合理的课堂情境有利于学生的发展，但不能为了情境而设置情境，要符合教学内容和课程目标。因此，教师需要精心设计和安排教学条件。对于高中生物学科，要选择合适的教学实验材料、场地，以及教具、模型。除此之外，教师要提高自身专业修养，增强教师角色意识。

（二）课堂教学行为优化的发展支持

教学行为的主体是教师和学生，要想使教学行为不断进步，取得长远发展，则需要增强自身的"造血"功能。即师生对自身课堂教学行为的反思和体验，尤其是教师，因为教师是课堂活动的引导者。

1. 教学反思

通过深度采访和教学设计的收集，教师基本都能进行教学反思，但反思的程度、维度有程度之分。从整体上看，高中生物学教师基本上都具有反思意识，但需要进一步提高反思能力，增强反思的敏感度。从教师教学反思的形式上看，绝大多数教师都是以书面教案的形式呈现的，都包含是否完成本节课的教学目标，但其他方面鲜有涉及。教师不但要总结课堂最后的结果，更需要对其进行分析，挖掘其产生的原因，以及改良教学的具体方案。

除此之外，教师反思都是在课后，其实教学反思应该贯穿于课堂教学的全过程，课前、课中、课后都可以进行反思，提高自身教学反思的敏感度，并且养成及时记录的好习惯。如课前可以反思教学设计中存在的问题，课中对于生成性结果进行反思等。其实，反思是一种思考的品质，是对自身行为、思维的一种反馈。

2. 学习体验

实践出真知。要想优化课堂教学行为，还需要在实践中感悟。教师学习的来源有两种，一种是日常生活，另一种是教学活动。教师要养成自觉自发的学习行为，在生活和教学环境中学习体会。教学行为的本质是社会行为，来源于日常生活，因此，要善于发现相似之处，利用学习迁移，进行有意义的学习。与此同时，教师还可以通过专门的教学学习活动来体验课堂教学行为优化的方式，如观课、教研活动、教学比赛等。

（三）课堂教学行为的具体实施策略

课堂教学行为优化的具体实施策略，不论是针对哪一类教学行为，都是围绕以下三点展开。①教学行为实施的主体是教师和学生，其中教师占主导地位；②教学行为的实施要具有目的性、计划性、可行性；③教学行为都是围绕如何展开教学这一核心来实施。

1. 注重师生互动

呈现环节，主要包括讲述、板书、身势、声像等行为。传统的课堂教学是以教师、课本为中心，注重由教师向学生呈现知识。但新课程改革要求课堂上以学生为中心，所以教师在进行呈现行为时可以更多地融入学生呈现行为，包括学生代表讲解、板演等。同时，呈现的内容不仅限于课本知识，也可以是与课堂内容相关的课外知识，以此丰富学生的认知结构，形成学习迁移。如果是学生呈现，教师一定要及时反馈，对其呈现内容和呈现能力给予评价，让学生有一个清晰的认识。

除此之外，指导行为也是容易产生教师绝对控制的教学行为。指导行为包括阅读指导、作业指导、教学游戏指导、课堂协作指导。教学的主导者是教师，指导行为的主体是教师，但这不意味着只有教师行为，指导行为必然会引发学生的学习行为，因此，教师在进行指导教学时，要以学生的需求为出发点，并根据学生学习的反馈行为进行相应的调整。

2. 教学行为分配合理

在对话行为中，问答和讨论常常有流于形式之嫌，在进行师生对话或者生生对话时，要注意对话时间要足够长，以及对话的内容应符合课堂主题。在问答行为中，首先是问，教师提问要注意问题的质量，"对不对""是不是"这样简单、不具针对性的问题要少提；其次，提问要具有层次，一要把握问题难度，应逐渐提高，二要将问题分层，针对不同层次学生提出，达到面向全体学生的目的；最后，提问的主体也可以是学生，教师要鼓励学生提出与教学内容相关的问题，然后是答，答的主体大多是学生，学生的答案可能在教师预设之内，也可能在预料之外，但存在即合理，教师要善于从中挖掘学生思考的内在原因，并加以引导。在讨论行为中，特别要注意讨论的监控，包括讨论的时间、话题、纪律等方面。教师要合理安排讨论的时长，一般讨论时间控制在 7 分钟左右，因此，要设置难度适中的话题，保证讨论的价值；与此同时，教师要注意观察学生讨论是否偏题或者是否过于激烈，如果跑偏了要及时引导回来，气氛过于激烈和平淡时，要通过提醒，使学生情绪得当。

3. 丰富课堂反馈形式

教师一般从考试成绩和作业质量来判断一节课的好坏，但评价一节课的质量并不仅仅只凭学生成绩，教师要加强与学生的交往能力，在日常对话中寻找更多可能。从学生的态度、兴趣、情感等方面了解课堂教学行为是否得当。也可邀请其他教师进行观课，从其他同事眼中发现问题，请教教学行为的改进策略。

第三章 高中生物课堂教学的有效性分析

生物作为高中教育阶段的重要学科之一，其对于学生全面素质的培养有着重要的作用。然而由于存在各种客观因素，使高中生物课堂的教学有效性出现了偏低的情况，这使得高中生物课堂教学的发展遇到了一定的阻碍。本章分为有效性教学的基本概念、影响高中生物课堂教学有效性的因素、高中生物课堂教学中的有效提问三部分，主要内容包括有效教学概述、高中生物课堂教学有效性的影响因素、高中生物有效教学实践的注意事项等方面。

第一节　有效性教学的基本概念

一、有效教学概述

（一）有效教学的内涵与实质

有效教学同一切事物一样都是以一定的认识论为哲学基础的，包含了"实践是认识的基础"和"认识对实践的反作用"两个方面。对于有效教学策略的研究和实践的基础也是"实践—认识—再实践"的过程，在对其认识的过程中我们要秉承这一规律。在对有效教学的心理学研究中，美国心理学家罗杰斯发现教育只需要为学生的潜能提供宽松的心理环境，学生学习的内驱力就能自动形成，若是教学中过多地约束这种学习行为则会适得其反。有效教学强调的就是对学生学习的自我关注，学习不是老师一味地灌输知识的过程而是学生对知识的主动吸纳和自我建构的过程。

有效教学的核心就是为了实现教学的效益。早在数千年前的中国，孔子就提出了"因材施教"的教学理念，这就是有效教学的体现，但在 20 世纪上半叶才提出了有效教学的概念。有效教学概念的提出使教育教学活动改变了以往"教师主体"的模式，更加关注教学对学生影响的实际效果，简单来说就是哪怕教师的讲授再详尽和精彩，对学生的成绩的提高和整体发展如果没有任何作用或者作用微乎其微，其教学也是无效的。随着有效教学概念的提出，还有几个概念也被大家普遍关注了，那就是学生在单位时间的学习效果、教学的量化和教学的反思等。目前对有效教学的界定通常根据教学效果的有效性和教学有效特征、评价进行划分，前者认为有效教学是在一定时间内带来一定的教学产出即为有效教学，后者则认为类似于规律性教学就可以视为有效教学和有益教学。

从实践的角度而言，有效教学可以概括为教师的有效讲授、提问和奖励，和学生对知识的学习、学习方法的掌握以及学习过程的体验。

（二）有效教学的相关概念

1. 合作学习

（1）合作学生在学生学习过程中具有的作用

合作学习在实质上是让学生在彼此合作过程中完成学习任务，鼓励学生积极参与、合作和解决问题。在高中生物课堂教学中，合作学习不仅可以使学生的学习兴趣得到有效激发，而且还可以使学生学习生物的积极性得到有效提高，这是建立高中生物有效课堂的基础。这一方式可以将在课堂上"老师主导、主体"的地位转变为"老师主导，学生主体"的教学模式。这使全体学生都能参与到活动中去，将教学和倾听相互之间的责任在老师和学生之间互换，创建高效课堂。

另外，合作学习还能减少学生的课外作业负担，让课外要消化的知识放在课内以小组形式解决，体现了新课改中提倡的"以人为本"的教学理念。通过小组合作学习可以让组内水平参差的学生之间相互帮助、相互看齐、相互监督，培养团队合作荣誉感和责任感，令小组内每位成员都对其他成员负责，实现共同进步。

此外，合作学习还能增加学生的创新能力。当小组开展任务时，集思广益，积极寻找解决的方案和途径。这不仅可以使学生的创新思维得到有效激发，而且还可以使小组学习的效率得到有效提升。与此同时，合作学习还能够使师生关系得到有效改善。小组形式增加了学生向老师提出问题的内容，增强了师生相互交流的自信力，提高了学生学习的积极性，使师生之间增强对话交流，建立民主平等的课堂。

（2）合作学习的基本模式

在教学中，合作学习程序的设计不仅要体现出小组内部成员之间的互助，还要实现师生之间的教学互动，因此教师要能够根据实际情况、教学规律和科学实施方法制定出与教学任务相适应的合作学习实施方案。

合作教学的程序一般包括确定合作任务、教师对合作学习过程的监督与干预、教学反馈和评价三个方面的内容。老师在学生分组合作学习的过程中承担多个方面的工作，第一方面，老师首先要对学习任务进行解读并依据学习任务和学生的个性组建合作团队，然后确定各成员的职责；第二方面，老师要对学生合作学习的过程进行监督并及时地调控小组的学习方向并给予必要的帮助；第三方面，老师在小组合作学习接近尾声时组织小组之间的成果交流、评价一个小组合作行为，并根据小组对知识学习的反馈情况针对共同存在的问题进行补充强化和提升。

需要注意的是，合作学习团队的组建要采用异质的方式进行成员选定。教师要把性别、学习基础、学习能力不同的学生组建在一起，而不能盲目地将学困生或是学优生扎堆处理，只有在这种异质的环境下，成员之间互帮互助的学习热情才能更好地体现，小组内部最容易形成合作氛围。但是对于这种组合方式老师要确保小组成员之间思考的独立性，并加强职责分化，避免小组成员部分成员承担全部学习任务而其他成员不作为的现象。

2. 教学形成性评价

教学形成性评价的实质在教学层面上就是让学生自己能够对学习过程进行有效调控，完成由"评价对象"向"评价主体"角色的转变，使学生在每一阶段的学习过程中都能对该阶段的学习进行有效性评估，用来调整下一阶段的学习。形成性评价目的是使评价结果发挥功用，调节学生学习过程和课堂教学进行过程，保障教育目标的实现。

传统的教学评价主要依赖于学生阶段性的学习考核成绩。仅凭借这种单一的评价方式会使考核结果丧失评价的真实性，使老师教学方式的改变陷入误区，不能形成行之有效的教学方式。同时在一定程度上会让学生过分依赖于这种评价，无法对自己的学习达到真正的认识，不能得到很好的发展。形成性评价是新课标对学业评价改革的基本要求，其核心是关注并客观记录学生阶段性和长期的发展进程，使教育目标顺利实现，从而达到教学相长。

3. 多媒体教学

多媒体教学是多媒体技术空前发展和新课程改革的综合产物，属于计算机辅助教学的范畴（computer assisted instruction，CAI），但又不局限于此。课堂教学中多媒体的使用能够给传统教学注入焕发活力的因素，在高中生物教学中逐渐被采用并成了不可或缺的教学手段。多媒体技术与生物教学的结合可以将抽象的生物概念和难以想象的生物发生过程转化为具体可观的多媒体素材在课程学习中展示；多媒体教学相对于枯燥干瘪的语言描述和文字刻画更能有力激发学生对生物课程学习的兴趣、拓宽课本知识领域、加深课堂学习的内涵和外延，有利于帮助学生构建生物学科立体化的知识系统。生物课堂中多媒体教学方式的运用可以帮助老师进行难点教学，具有化难为易的作用，教学优势明显。

多媒体教学能够体现出有效教学中老师通过优化教学活动效率实现学生知识与技能、过程和方法、情感态度与价值观"三维目标"这一过程，更体现出了有效教学策略对学生学习过程的关注，立足于学生的进步和发展。多媒体技术在高中生物课堂中的运用具有以下两个方面的作用。

（1）创设学习情景

通过多媒体可见的搜集或制作可以将生物课程中难以进行言语传递和理解的部分进行模拟，例如对包含动物、植物和微生物在内的生物体结构演示，对机体内部吞噬细胞对体内细菌、凋亡细胞及其他异物吞噬行为发生的过程和特点的演示等。多媒体技术可通过图像和动画的方式将课程学习过程中的难点综合表现出来，凸显情景学习在现代新课程标准下"以学生为本"的教学理念。

（2）个性化自主学习方式

多媒体教学方式的运用能够将课堂中使用将课程中使用的课件及其他多媒体教学素材上传至师生公共的教学、学习平台，学生利用这些教学课件、教学软件和电子教材进行自主学习、个性化学习来弥补自身对知识掌握的差异，以此削弱学生在学习过程中对老师和课堂笔记的依赖性。因此，运用多媒体教学方式教给学生的不仅是丰富的课程学习知识，更是教给学生自主和自律的学习习惯，可以提高学生自主学习的能力，从而更好地开展生物有效课堂。

二、生物有效教学的特点

在新课程标准的指引下，与以往的传统教学模式相比，生物有效教学有以下特点。

（一）开放性

以往的生物教学模式中，教学都以知识讲授为主，教材上的知识内容都是固定不变的，课堂是封闭固定的，老师能够做的就是生搬教材上的内容，把教材上的内容演示给学生，为了应付考试，老师把学生能遇到的一些问题都一一在课堂上讲解，学生只是被动地接受老师所讲的。因此，在这样的陈旧的教学模式下，学生很难挥自己的主观能动性，学习完全是由老师牵着往前走，教学有效性很难提高。

生物新课改给了老师很大的教学创作空间，教师可以不必仅仅局限于书本教材，而是以教学大纲为准绳，根据实际情况，突破原有陈旧的教学模式，自主传授科学知识。比如在讲生物必修一《分子与细胞》第一节：走近细胞的内容时，如果按以前的教法就是直接进入主题，讲述课本上的资料分析——生命活动与细胞的关系，然后得出结论生命活动离不开细胞。由于这节课是高中生物第一节课，这样讲授的话学生完全是在被动接受老师所讲的知识，老师也只是起到了一个把课本知识传递给学生的一个工具而已，学生毫无兴趣可言，对以后的学习会有一定的影响。新课改下，我是这样做的，首先向学生提问："自然界的生物千千万，丰富多彩，那么大家知道自然界的生物从大的方面分为哪些类吗？"学生积极回答："动物""植物"等，然后我用多媒体向学生展示自然界一些常见的代表生物，然后总结——自然界的生物可以分为动物、植物、微生物，微生物包括一些细菌、病毒，然后继续提问：那么生物是由什么组成的呢？即生物的基本单位是什么呢？引发学生思考，然后引入所学内容。这样的教法下，老师不再单单是生硬地传授知识了，而是引导学生积极参与到课堂学习中，自然而然地提高了教学的有效性。

（二）实践性

生物这门学科一个很大的特点就是实验性，生物知识理论的得出很多都来自实验。在以往传统的教学模式下，实验课一般都是教师在教室里进行演示，甚至不演示直接依照课本给学生讲述实验过程。学生并没用真正参与到实验中来，也不会发现试验中可能出现的一些问题，即使老师讲了，学生印象也不深刻，不利于学生的发展。同时，学生的兴趣也会受到影响。

新课程改革的新理念之一，即要让学生在实践的过程中有所感知，在感知的基础上进行思考总结，从而获得理性的认识，在生活实践中，能够运用所学解决一些实际问题，重新构建生物知识认知体系。提高教学有效性就应该努力创造条件让学生尽可能地参与到实验中来，这样做比起老师在课堂上单纯地讲授或示范效果好得多，学生印象深刻而且能培养其自身的创新精神和动手实践能力。

教师还可以把课堂教学与日常生活联系起来，提高学生的学习兴趣。例如，高三第一轮复习的"体液调节"课。"寒流南下，明天最低气温 -6 ℃，请大家多穿衣服。"一石击浪，同学们纷纷感叹。果然，导言提了同学们的神。我马上切入正题："这样的日子里，我们体内哪些激素水平会有所提高？"

（三）生动性

新课改倡导教师创造性地使用教材，不拘泥于教材，不照搬教材，灵活运用。比如高中生物教材中有很多小栏目：问题探讨、资料分析、问题聚焦等，教师可以根据实际情况综合运用这些东西，这样学生学起来就很有趣味性了。

在生物教学中可以运用到很多比方让所讲的内容简单而生动有趣。比如，在讲 DNA 分子的基本单位脱氧核苷酸时，打了一个比方，让一个同学站立，左手伸直握拳头，右手拿一本书，如果这个同学以及他所拿的书是一个脱氧核苷酸的话，那么他的拳头和他拿的这本书分别代表什么呢？这样打比方讲述学生不仅非常有兴趣参与到学习中来，而且对所学的东西印象深刻。

此外，也可以将一些小资料穿插于课堂教学，不仅能够使课堂气氛得到活跃，还能够使学生的注意力得到集中，而且还可以使学生的学习兴趣得到激发，使学生的思维得到启迪，从而能够更好地促进课堂教学质量的提升。

介绍最新的生物学成果、展望生物学发展的前景，激发学生求知的渴望。在教学中，适时介绍一些生物学的新成果，也可以激发学生的学习兴趣。

例如，疯牛病曾肆虐一时，它是一种慢性、传染性、致死性的中枢神经系统疾病，可以在人畜之间传播，世界各国都唯恐避之不急。但对于疯牛病的致病因子，一直未有定论，新的研究结果认为这种病是由一种蛋白异常变构所致，无须 DNA 或 RNA 的参与，致病因子朊蛋白就可以传染复制。这样，学生们对疯牛病就有了更加深入、科学的了解。

另外，简单介绍在组装细胞、国际人类蛋白质组计划、干细胞研究等领域的一些新进展，也将使学生感受到生物学广阔、诱人的发展前景，不仅可加深学生对这门课程的主观认识，而且对激发他们学习生物学的热情、坚定他们学习的信心起到了重要作用。

三、生物有效教学的理论基础

（一）交往理论

马克思在《1844 年经济学哲学手稿》最早提出来有关交往的理论，后经不断完善、发展，形成了马克思主义交往理论。该理论指出，交往关系是人的最基本的社会关系。关于马克思主义交往理论的内容，从不同的角度看能得到不同的观点。其中，从教育教学角度来看，该理论体现了一种平等的教育观，指出了在教育教学过程中，师生双方具有相对性，应该平等沟通，双向互动，包括师生互动和生生互动，本文主要讨论师生互动。德国哲学家哈贝马斯通过对马克思主义交往理论及其他相关理论的多年研究，提出了"交往行动理论"，其核心是"交往合理性"。哈贝马斯认为交往的本质特征是理解，交往行为是指个人之间以语言为媒介进行互动的过程。

《基础教育课程改革纲要》强调了师生互动的作用。高中生物学科具有科学性、逻辑性和开放性等特点，可以说师生交往贯穿于整个生物课堂教学。在这一过程中，教师扮演着组织者、引导者、合作者的角色。教师在与学生交往的工程中，应帮助学生"跳出课本"，从不同渠道获取知识，引导学生关注生活、关注自然。

（二）对话理论

"对话"最早出现在哲学和语言学中，后被巴西学者弗莱雷引入到教育学中来。巴西莱认为对话是教育的本质特征，是交流的基础。通过对话，师生间的关系将由"教师的学生"和"学生的教师"转变为"教师学生"和"学生教师"。对于怎样进行有效提问，美国学者丹东尼奥和保罗提出了 Qu'Est 教学策略。斯腾伯格和史渥林在《思维教学》中提出，拓展学生思维的最好方法是对话法。该方法以师生间的交流为基础，教师在其中起引导作用。在对话教学的众多方式中，最好的一种是鼓励学生发问。黄伟在其博士论文《对话语域下的课堂提问研究》中提出："对话与提问有所区别，从某种意义上讲，有对话不一定有提问；有提问不一定伴随着对话。"

在生物课堂教学中，教师的各种提问，根本上都是由问题经语言表达出来的，因此生物课堂提问应该走向对话。教师应尽可能地提出高水平的能引发师生讨论的问题，激发学生思维，在与学生互动过程中引导学生进一步提出问题。例如，在讲"现代生物进化理论"这一章节时，教师让学生回答"达尔文自然选择学说的内容是什么？尝试用该理论来解释长颈鹿的进化过程。"学生顿时一片哗然，反应强烈，老师趁机让一名不善言谈的学生回答，取得了良好的效果。接着，老师进一步提出问题"如果原始长颈鹿群体中，只有一头长颈鹿具有长颈基因，这个群体会不会慢慢地进化成长颈鹿呢？"从而激发了学生的思维。

(三) 符号互动理论

"互动"一词最早出现在社会心理学中,后被引入到教学领域。20 世纪 60 年代以来,互动理论不断发展完善,在社会学理论中扮演着越来越重要的角色。当今教育教学中所说的"互动"来源于社会互动。社会互动指人在社会生活中心理与行为的交往过程,是一个动态的系统结构。

在对互动的研究中,最经典的是符号互动论,最早由美国社会学家詹姆斯(W. James)和米德(M. Mead)提出。该理论认为,互动是一种基于符号和语言的相互作用过程,是人生存与发展的前提。而人类的社会互动就是以有意义的象征符号为基础的行动过程。将符号互动论运用到课堂教学中,整个课堂由各种特定意义的符号组成,这种符号可以是语言词汇、语音语调、面部表情以及行为动作等。符号的发出者与接受者既是教师也是学生,师生之间、生生之间通过对符号的传递与理解来进行互动,指师生双方积极主动的进行交往,而不是学生慑于教师的权威而被动地做出反应。

(四) 多元智能理论

在加德纳《心智的结构》一书中他提出了"多元智能理论",即每个人都具有语言、数学逻辑、身体运动等八项智能。这八项智能随人的综合发展均具有非常重要的作用,但由于八项技能的表现形式各不相同需要,在进行智能发展时对每项智能都给予相同的关注度。例如,在教学课堂上老师不仅要对学生进行知识和能力教育,也要关注学生价值观的培养。老师还要通过主动了解学生,针对学生不同的智能特点,引发学生在学习过程中的情感共鸣,从而实现有效教学。

(五) 学习动机理论

1. 强化理论

行为学家提出了强化激励理论,他们认为,强有力地联系人类的一些行为,加强建立的刺激,决定人的某种行为倾向。当一个学生的学习行为得到加强,这种行为将会被重复。在师生互动提问过程中,采取措施,比如赞赏、表扬、评分等,可以强化学生的学习动机,该行为就可能重复出现。

2. 需要层次理论

美国心理学家马斯洛(A. H. Maslow)分析了人的需要后,提出了需要层次理论。该理论将人的基本需要分为生理需要、安全需要、归属与爱的需要、尊重需要、认知需要、审美需要以及自我实现需要。它们是按照满足的先后，由低到高进行层次排列的。

在课堂互动过程中，学生也希望自己表现好，得到老师表扬、同学羡慕。因此，当学生回答问题不准确或不正确时，教师应肯定他们勇于回答问题的勇气，以满足他们被尊重的需要。同时，在互动中教师应注意公平性，在欣赏优生的同时要注意到后进生也有自我实现的需要。在后进生回答问题前后，教师应运用恰当的策略，比如鼓励的眼光、赞许的语言等，帮助他们扬长避短，重拾自信、自尊。这样才能见证后进生的不断进步与成长。

总之，教师要善于赏识所有学生，让他们都能够体会到成功的快乐，以激发他们更大的学习动力。

3. 成就动机理论

阿特金森（J. W. Atkinson）总结提出了成就动机理论，他认为学生趋近学习目标的行为由追求成功意向的动机和避免失败意向的动机综合作用决定的。在师生互动过程中，对于那些力求成功者，教师提出的问题应具有新颖性并有一定的难度，以激发其学习动机；而对于避免失败的学生，当其表现稍有进步，便对其表扬，给予强化，同时应尽量避免在公共场合指责其错误。

4. 成败归因理论

美国心理学家韦纳（B. Weiner）在总结、分析他人理论的基础上提出了三维归因学说。他认为成败的原因可分为内外、稳定性和可控三个维度，及能力、努力、难度、运气、身心状况和外界环境六个因素。三维度和六因素共同组成归因模式。

归因理论从结果解释动机，具有较高的理论价值和实际作用。教师在课堂教学中，当学生获得成功时，教师常常将其归因为学生努力、兴趣、自己教得好等，而当学生失败时，会将其归因为非教师的原因，这显然是不对的。因此，教师应引导学生正确把握归因理论进行积极归因。

5. 自我效能感理论

自我效能感理论是班杜拉（Allber Bandura）首先提出的，指人们主观判断自己是否能进行某种行为并获得成功。班杜拉认为个人成败的经验是影响自我效能感的主要因素。让学生体验成功可以增强其自我效能感，发挥学习的主观能动性。同时归因的方式对自我效能感的形成也有影响。因此，教师应引导学生进行正确归因，同时营造和谐的课堂气氛，帮助学生建立良好的自我效能感。

（六）有意义学习理论

有意义学习理论强调了学生在学习过程中对新旧知识联系的处理，这是奥苏伯尔有效教学思想的体现。他认为有意义学习不同于传统的接受式学习，后者主要是将学习内容呈现给学生，而前者则更注重学生已有知识对新知识的促进作用。在有意义学习理论中，教师应该在教授新知识之前通过教学情景的创设让学生已经获得的知识"动起来"，引导学生将新旧知识联系起来，从而在有效促进新知识理解和掌握的同时也能够加强对旧知识的应用，这就是有意义教学的表述。在高中生物教学中，知识概念众多且相互之间的联系紧密，如人教版必修二遗传学中基因的分离定律与基因自由组合定律的学习，两者之间存在同化与顺应，如果将两者对比起来学习可以辨别知识块中的相近概念，利于学生形成知识网络，进而可以增加认识结构的稳定性和知识结构的系统化。

（七）最近发展区理论

苏联教育家维果茨基在对儿童能力发展的研究中表示，教育能够促进儿童发展，但是在发展程度上存在两种水平，其一是实现了的水平，其二则是需要在帮助下能够实现但不能独立完成的水平程度。最近发展区理论的研究就是上述两种水平之间的距离，研究最近发展区可以有效促进学生的发展。高中生物有效性教学策略的实施其目的也是帮助学生能力发展的过程，在这个过程中要结合对学生学习特征、知识积累和学习能力的分析结果并在与课堂内容结合的基础上设计教学实现路线和策略。

此时，教学目标的设计与学生知识基础之间的距离就是学生能力发展的"最近发展区"，如果教学目标要求过高会使学生失去学习信心，课堂教学效率自然会随之下降；如果教学目标要求设置过低则会导致学生在能力实现上难以突破，在"最近发展区"的前端徘徊，这样的教学势必是无效的。最近发展区理论要求能够给学生学习制定稍有难度的目标，发挥学生的学习潜能。维果茨基的最近发展区理论给教学方法的改进和新的教学模式的形成提供了契机，对教学实践具有深远的影响。

（八）发展心理学相关理论

高中学生，年龄一般在 15 ～ 18 岁，属于青年初期。学生从初中阶段进入高中，智力和人格将得到快速发展，其身体发育逐渐成熟，智力发展逐渐接近成人水平，人格趋于成熟和稳定。

1. 智力发展

高中生的智力随着其思维能力、观察能力、记忆能力等发展而发展，主要体现在思维能力的提高上。思维作为智力的核心，直接影响个体的智力发展。高中阶段学生的抽象思维得到迅速发展，能够在理论指导下分析、解决各种问题。尽管如此，相对来说，高中生尤其是高一学生抽象思维还不完善，甚至可以说比较薄弱。而高中生物学科很多知识很抽象，不像初中知识那样形象直观，学生理解起来可能会出现困难，比如"四分体""同源染色体"等生物学概念；"有丝分裂""减数分裂"等生命过程，学生不容易理解。

如果教师运用恰当的提问策略，一步一步启发学生，抽丝剥茧，学生在解决问题的同时，思维也能得到很好的锻炼。

2. 个性发展

与初中生人格失衡和偏执人格相比，高中学生的智力发展趋于稳定和成熟。随着生活经验和认知水平的积累，高中的学生获得较高的自我意识发展。高中生会在心理上把自我分为"理想的自我"和"现实的自我"，产生自我控制的要求和体验，他们有了自己的想法，因此可能会对老师的说教感到反感。同时，高中生有着较强的自尊心，当他们的言行举止受到别人的肯定或者赞扬时，会身心愉悦，有一种强烈的满足感；反之，会情绪低落，产生挫败感。高中阶段学生开始初步确立价值观，在此过程中，他们会对理论问题越来越感兴趣。但由于高中生阅历尚浅、经验不足，对很多东西一知半解，导致他们观察、分析问题时具有表面性和片面性。

因此，生物教师预设有效问题，在与学生的互动中，运用适当的提问策略（比如态度自然，语气友善等），能够使学生感到平等、自主；恰当的理答（比如肯定、表扬，引用学生的观点），可以让学生产生满足感，提高学生参与互动的积极性，进而提高教学效率。同时也有利于学生正确价值观的形成。

（九）建构主义理论

建构理论有点类似于情景教学理论强调的是学习的体验，认为学习的过程实质上是已有经验与外界相互作用的过程。在学习活动中学生并不是简单将外界的事物转移到自己的记忆里，而是需要对事物形成一定的理解，这也就需要学生在学习的过程中能够具有主动选择、思考、质疑和探究的空间。因此在课堂上老师不能只将经历倾注于对知识的传授，而是要选择适当的授课方式从内在驱动学生去接受知识、理解事物，最终实现知识的建构。同时，这个理论还要求学生应该是教学的主体，老师应该"走下神坛"，甘当学生的配角，以课堂引导者、促进者的身份帮助学生完成知识的建构。

建构主义理论的发展和延伸不得不提到情景教学模式。情景式教学是目前较为提倡的教学模式，其基础和最终目的都是通过构建学习情景将个体知识经验在创设的教学情境中进行实践与真实的任务联系起来，达到激发学习兴趣、增加课堂趣味性以及让学生主动参与进行思考、行动的目的。高中生物是一门兼具理论性和实践性的基础学科，在课堂中老师要能够把握生物学习与社会、生活和生产实践之间的关系，赋予课程知识一定的教学情景，鼓励学生动脑、动手对探究摸索然后得出问题的答案。

在这个过程中，巧妙运用了学习与生活之间的联系，一方面生活经历是学习知识的基础，另一方面学习知识也是为了指导生活。情景式教学提高了学生的参与度和主动学习能力，能够大幅提高课堂效率。

建构主义理论是在"认知结构说"基础上发展形成的，具有情景、协作、会话、意义建构四大要素。同时建构理论在学习活动中也存在三大特征：①以学生为中心，这一特征指学生学习对于学习的主动性，包括对资料的收集、对问题的假设以及对自我的监控、测试和检查；②具有社会性和真实性，在这里是指学习要建立在复杂真实的环境之下，联系实际；③需要目标指引，累积性，前者表现为目标对学习的指引作用；后者则是突出了认识的累积效应，只有通过学习找到事物之间更多的联系时，才能实现对复杂事物的理解。

第二节　影响高中生物课堂教学有效性的因素

一、高中生物课堂教学有效性的影响因素

（一）教育者因素

1. 教育者的教育理念

从与教师的访谈中发现，教师尽管不能准确地表述出何谓教育理念，但在教育的基本价值取向上均表示，要把以人为本，提升素质等作为指挥棒，对"教学三维目标"耳熟能详。有一名教师这样描述："课时少，内容多，讲不完，

题目难，学生做不来，分数不好看，日子不好过！"因此，能否将教育理念融入日常教学活动中才是一大难题，原因一方面是教师主观上对国家的教育方针不理解或者理解不透彻，另一方面是客观实际限制了教师的发挥。

这导致教师在实际的教学活动中偏离了最初的教育理念，在教学活动中，大部分教师还是选择紧抓"双基"，教师也表示，这样"出分数快"。在旁听的 28 节生物课中，有 14 节是这样的。教师花费了大量的时间讲解归纳知识，经常这样强调"这个名词大家注意，是专有名词，去年高考填空就填了这个，大家记住，不要写错"又或者"这段描述很重要，经常考，大家回去把他背熟"。课后曾对此问题与授课教师进行交流，教师表示他们也很无奈："学生总是在这些方面出错，不是错别字，就是相近的东西互相搞混，多提醒下总能好点。"而学生问卷调查显示，虽然这一做法对一些学生的注意力产生了吸引，但是却让学生感到枯燥，不仅很难提高自身的学习效率，而且也很难在学习过程中体会到学习的乐趣。

2. 教师的专业知识和教学能力

教师的专业知识主要包括学科专业知识和与从事教育活动相关的教育学、心理学知识。学科专业知识是教育学生的基本保证，相关的教育学、心理学知识是保证教学活动符合学生特征的条件和桥梁，是对学生的人性关怀。

教师的教学能力包括善于组织教学和利用教材的能力，综合运用教育学和心理学基本原理和原则的能力，准确运用语言信号和非语言信号的能力，因材施教的能力等。

在对教师的访谈过程中，大部分的教师把教学能力排在影响教学有效性因素的前三位。学生问卷调查结果显示，更喜欢"知识渊博""理解并关心学生"的教师。

在一堂练习讲评课上，由于时间有限，教师只能对部分题目做出讲评，而填空题，教师让学生自己对照标准答案订正，这时有位同学提出异议，希望能够把填空题也详细讲解，教师未加处理，同班的一大部分同学也认为不需要讲解。但实际上，大部分同学存在填空题答不准确、得分率低的问题。

一位教师曾提到，在她刚参加工作的第一年间，苦于无法提高学生的学习成绩，一位与她合作的班主任告诉她，实在不会做就多布置作业，做得多自然会有效果。这种做法显然是低效的，将学生置于一种枯燥沉闷的环境中，付出的代价将是降低学生求学的热情以及求知的愉悦。

教学时间总是有限的，在有限的时间内取得最大的效果，才是有效的教学。

"时间不够，讲不完"几乎是每位老师都提及过的困难，如何取舍和组织教学素材，开展真正的"双边"教学活动，将效益提升到一个高度，是对教师自身能力的考验。

3. 教师的道德水平和心理品质

一位具有高度责任感、爱岗敬业、以身作则、教书育人、为人师表的教师可以通过其人格魅力令学生"亲其师而信其道"。教师的道德水平对教学有效性有潜在而又长远的影响，难以量化评价。但教师作为社会主流价值观的倡导者和训育者，更要清楚地看到自己的作用和影响，净化心灵，提升修养，自觉规范自己的言行。

教师的心理品质与教学的有效性之间也有较大的关系。只有胸怀博大宽容的教师才能培养出具有相应品德的学生，一味专制的教师营造不出融洽、民主的氛围，反而制造出紧张、对立、沉闷的气氛。总的来说，热情诚恳、自信自强、民主平等、团结合作、积极进取、勇攀高峰等个性品质对教学有效性都会产生正面的作用。

（二）学习者因素

课堂教学是学生与教师的双向活动，现代学习理论对学生在教学活动中的作用和地位越来越重视。

1. 学生年龄和个性特点

心理学研究表明，高中生处在心理上的成人感和半成熟状态的矛盾之间，身体上的快速成熟使其产生成人感，心理发展的相对缓慢使他们仍处于半成熟状态。在高中阶段，学生记忆的广度达到顶峰，思维形式摆脱了具体的内容束缚，假设演绎推理能力、抽象逻辑推理能力显著发展，这些为更加复杂的学习打下了基础。学生调查问卷显示，高中生在生物课堂上的需求和注意力，但理性分析和推理归纳性质的内容越来越引起他们的关注，这也与其思维的逐步成熟，和对认识客观世界的内在需求有关，我们可以尝试从这些角度出发，指导和改善教学。

而同时高中生的自我意识表现在，把自己作为人际关注和社会性关注的中心，喜怒哀乐往往都源于自我体验，容易将自己的心境向别人进行投射。倘若教师能够起到正向的导向作用，用高尚的人格魅力和积极乐观的态度感染和调动学生，将使教学进入一个良性循环。

2. 学生的知识基础

根据南昌地区的中考政策，2009 年以前的中考生物成绩是以折合分的形式计入总分的，学生有一定的学习基础。自 2009 年起对中考史地生施行抽考制，如果没有抽到生物，为了节约时间，学生基本上就不学这门课。另外，乡镇中学的学生对历史、地理、生物科目的学习更加轻视，导致不同届学生基础有差别，同届不同区域的学生也有差别，在具体的教学活动中，教师应该参考相关情况做出应对。

3. 学生的学习策略

据调查问卷显示，大部分学生对生物的认识存在误区，进而采取了错误的学习策略。超过 60% 的同学（主要是高一和高二的学生）认为生物知识主要是靠"背"，在之后的访谈中发现，持有此种观点的原因有三：①教师曾多次强调对知识的识记；②自己平时学习生物的经验总结；③中考生物成绩靠"突击"而来，认为此方法在高中同样适用，生物比数学物理容易，在考前突击背诵完全来得及。

（三）教学内容和教学环境

基本上每一个高中教师都有过"赶进度"的体验，感觉怎么也讲不完，课时总是不够，好多要说的还没有对学生说就过去了。然而，事实上，教学的有效性不取决于教学内容是否正确、是否丰富和教学时间的长短，而取决于有效的知识量。知识不是智慧，知识的迁移才是智慧，只有能够迁移的知识才能被学生熟练运用，学生的知识水平才能提升。换句话说，一定时间内，讲的过多，学生却没有真正参与的机会，这样反而会降低学习的水平。

可见，教学内容多少与学生掌握量的多少并不成正比，教学内容不是目的，而是手段。如何根据教学内容的性质组织教学就显得十分重要了。以生物实验教学为例，教师采用的教学手段大多是向学生介绍实验步骤、介绍实验现象、介绍或讨论现象所能得出的结论。这一般会使学生处于被动接受知识的状态，着重于对知识的记忆而忽视了对探究过程的体验，使师生都缺乏对探究思路形成过程的关注。比之前老教材，新版人教版教材介绍的经典实验显然更加丰富，如生物膜的流动镶嵌模型、细胞核的功能、DNA 的复制、酶的发现、遗传密码的破译等。真实的科学史历程可以为我们提供真实的观察、推理、实验、想象的思维和操作过程，是学习科学探究方法的优秀范例。在随后会有专门的案例来阐述这个问题。除了科学史的材料，挖掘与课本相关的现实生活事例和现象可以为我们的教学提供有实际价值的命题，建立在事实基础上的探究更禁得起推敲，其探究本身也是对学生好奇心和学习兴趣的一种肯定和鼓励。

良好的教学环境可以使课堂教学的有效性得到一定提升。教学环境分为物质环境和人文环境，没有证据表明物质环境越好，学生的学习成绩就越好。为优化学校办学条件，我校引进了多媒体教学，据部分学生问卷调查显示，使用多媒体教学"来不及记笔记""一堂课下来，脖子抬酸了，眼睛看得好累""没有老师板书有条理，上完感觉有点混乱"。

相反，在历史上，有很多物质条件贫乏却创造了精神文化繁荣的例子。可见，人文环境对学生影响更加明显，在平等、尊重、民主、和谐、互相关爱、互相促进的人际关系中，学生的认识、情感、态度和行动都会得到积极的发展，进而提高课堂教学的有效性。在学生问卷调查中，对于学习气氛的看法，有沉闷和压抑体验的学生竟然达到将近一半，这是一件很可怕的事情，可见现在的教学在效益指标上的水平是多么地低。不难发现，沉重的作业负担、频繁的考试、课堂的"满堂灌"都是导致这一现象的主要原因。没有乐趣、情绪低落自然就没有学习的内驱力，大大降低了教学的有效性。

生物课堂教学的有效性受到多种因素的综合影响，在不同的课堂情境下，可能有多种不同的表现，教师只有深刻认识到其内在作用规律，才能避免低效、无效教学的出现，充分发挥教师的主导作用，使课堂朝着积极有效的方向发展。

二、传统教学方式在高中生物教学中存在的弊端

（一）传统教学主导教学方法中的问题

1. 评价方式单一

传统课堂中，老师受限于传统观念的影响，会偏爱于学习成绩优等的学生，对其赞美连连，而对差等生会忽视其学习上的进步，甚至"恶语连连"，这些都造成了教学评价意义的丧失，甚至会使评价结果相悖于评价目的。另外，如果教师对学生的评价会缺乏个性化，也会造成学生不能接受或者"充耳不闻"老师对其的评价结果，达不到激励学习或者改进教学的效果。

2. 教育对象主体性缺失

一直以来，课堂教学在传统的教学模式中都是授课老师的"独角戏"，教学过程过多地倚重于老师的灌输，学生在课堂中总是作为被动接受者的身份，按照老师教案中的课程安排参与到教学活动中去。而高中生物课程具有众多的实验内容和与实际生活相结合的内容，这些内容都不是简单地通过课堂板书和

语言讲解所能代替的。

3. 教学过程趣味性缺失

受传统应试思维的影响，老师和校方均产生了"分数决定教学效果"的思维定式，导致教师在教学过程中只把关注的焦点放在测试结果上，而不会对阶段性的学习进行分析、评价和反馈。同时，这在一定程度上也导致了大多数高中生物课堂中教师教学内容单一，授课方式守旧，甚至于堕入复习—讲解—练习千篇一律的"死循环"中。在这种常年不变的授课方式下，不仅无法体现学科知识的差异性，而且也使学生丧失了学习生物课程的积极性，同时也极大地降低了学生的学习兴趣。

（二）造成传统教学方法难以有效转变的原因

在课程改革的推动下，许多学校积极响应，下定决心治愈传统教学方式给教育发展带来的弊病，但是在实际的教学改革中往往会存在"大踏步"前进的现象。部分老师为了鼓励学生主动学习、建立学生在课堂中的主体地位，在提倡学生在生活和实践活动中学习的同时忽略了学科基础知识学习的重要性，导致学生基础不牢，生物课程学习中事倍功半；在推行学生完成自我知识建构的同时忽略了老师的讲解和示范作用，致使学生在学习上迷失方向，不能采用正确的学习方法进行学习；在努力搭建学习体验平台，驱使学生主动进行知识体验的同时忽略了师生之间的互动，令学生产生错误的学习体验。

为了更好地开展高中生物课堂实践研究，也对任课所在学校的师生进行了访谈了解，发现大多数生物教学课堂教学模式依然是硬性灌输的方式，而在一些教学成果精品课程中才能一改常态，运用小组学习、情景模式的教学方式进行授课。

以下几条问题阐述了传统教学难以转变的原因：①学校的对教学成果的考核仍以测试成绩为主，而且多数情况学生的成绩分布往往也决定了任课老师的收入水平，导致老师在教学模式改革方面束手束脚，得不到学校政策上的扶持。②教学的改革是一个长期的过程，需要一批又一批的老师对于实际的教学情况进行摸索，但是从目前的学校教学安排情况来看，老师对班级的任教常不具有连续性，新的任课老师又会导致前期的改革工作失效，致使他们很难凭一己之力支撑学生整个高中学习生涯的教学模式改进。③存在部分学科教研工作者和老师沉浸在以往成功的教学案例中，无心去进行改革，生怕他们精心设计的教学模式被打破。

（三）传统教学向有效教学进行转变的必然性

时代的发展给如今的教育、教学提出了更高的要求，也只有在教学模式上有所改进才能培养出与时代发展和社会潮流相适应的新一代人才。新形势下，教学要更注重学生的学习过程，而学习就是一个长期学习的过程，缺少了对学生兴趣的引导、对学生学习习惯的培养和自主学习模式的建立，社会所提倡的"终身学习"和"知识＋技能"学习便成了一纸空文。对于高中生物课程而言，知识迁移性较强的学科特点导致传统教学中学生不能够透过问题看到事情的本质，学生常会在课堂中知其然而不知其所以然。

例如，在北方的学生完全不熟悉水稻这一植物，但是却在老师的指导下以优异的表现完成了水稻遗传特性的学习，这一现象对于当前传统的生物教学难道不是一个赤裸裸的讽刺吗？针对这一现状，课堂教学要做的是更加关注学生的学习过程，不可否认的是所有有效教学理论所提倡的观点都是通过辅助学生完成学习行为来实现的。总体而言，高中生物的传统教学存在较多制约学生发展的因素，也在一定程度上导致了学生的厌学情绪的产生。另外，针对高中生物学科的知识迁移特性来看，传统教学方式必然要向有效教学模式进行转变。

三、高中生物有效教学实践的注意事项

关于高中生物有效教学策略的设定，首先要体现的就是以人为本的思想，这就要求在教学过程中要做到有针对性，差异效益教学涵盖分层教学和形成性评价都将作为后续实验中有效教学策略方案制定的基本依据；其次，注重学生学习体验是有效教学策略中学习兴趣和动力激发的主要方式，是有效教学策略方案制定的主要途径；再者，全面发展强调了学生教学过程中能够获得知识、思维和能力的多重提高，体现了有效教学策略方案制定的最终目的；最后，"师生共进"则进一步说明了教学效率的提高需要学生和老师两者共同的提高作为保障，在有效教学策略方案制定时要能够体现"学生和老师""学习与教学"之间的相互促进作用。

（一）体现差异效益教学理念

在后期的教学实践研究中，有效教学课堂的设计要能够细线差异效益的教学理念。差异性在这里的含义可以分为两个方面阐述，一方面是老师对学生的差异性教学，老师要从学生的能力、性格、学习基础等多方面对学生的差异进行衡量，然后在此基础上制定出相应的教学实现策略。例如，针对生物知识基础较差的学生在教学过程中要以夯实基础为主，而对于学习信心不足的学生要将教学重心放在心理辅导方面,力求养成生物学科学习自信。另一方面则是对学生进步和教学有效性的个体差异性评价,教师不能够只用整体的提高作为教学策略实现的依据,更要将学生的提高与每个个体原先的能力水平相比。这种纵向比较的提高也应当认为教学策略是有效的。

因为每个学生各学科的学习成绩均不可能完全统一,必然会存在相对落后的现象,而且由于学生对各学科的喜爱程度不同也会导致偏科出现。若是在教学中一味强调这部分学生向学优生看齐,则会导致他们厌学情绪增加,学科成绩继续"恶化"。

1.分层教学对差异性原则的体现

由于每位学生存在学习基础、接受能力、学习环境的不同,个体学习情况会存在很大差异。提高高中生物教学有效性的基本要求就是我们的教学方式和方法必须能够"辐射"课堂上的每一位学生,只有认识并重视学生之间的这种差异,才能真正地提高课堂的有效性。传统课堂多以学优生为主,提供的教学机会难以做到公平均等。

为了实现课程改革的初衷,要求老师在教学中要充分照顾到学生学习的差异、提供每个学生适合的教学方式,以改善学生的学习环境、缩小学生生物基础的差异。

学生学习效率的提高不仅会受到智力水平和学习基础的影响,更会受到学生学习动机、学习方法、学习热情的综合影响,因此在制定生物分层教学计划的时候要充分考虑学生阶段性的智力水平、学生的学习习惯等因素将班内学生进行分层(如甲层、乙层和丙层),对不同教学分层提出相应的、适合发展的教学目标,而且需要注意的是不能简单地将分层作为划分学习成绩优劣的名目,否则会适得其反;另外,还应该周期性地对分层人员根据实际学生学习情况进行调整,重新建档,在进行分层的时候应重视学生的个性、发挥学生的个性,根据学生之间的心理状况的发展,做到因材施教、有的放矢,发挥学生的主体作用;学生在分组教学和辅导中能够依循老师的指导进行查漏补缺,找到适合自己的学习方法,达到迅速提高的学习目的。同时,这样的教学方式可以充分调动学生的积极性,使每个人在课堂学习中都能找到自己的定位,做到想学、能学、善学,从而增强学习自信心。

2.形成性评价对差异性原则的体现

(1)形成性教学评价对老师教学的促进作用

形成性教学评价可以提高老师真实评价的能力。成功的评价应该能够指出学生阶段性学习中的不足，肯定学生的点滴进步，能够指导学生的下一步学习并有利于老师教学节奏的调整。

形成性教学评价能提高辅导的针对性和课堂教学的有效性。形成性评价反映的是学生学习的动态变化情况，可以使学生的学习现状得到真实反映，使教师不仅可以对学生的学习情况加以了解，而且还可以对自己教学中存在的教学结果形成有效的反馈，进而会重新审视课堂教学内容和教学方法中存在的问题，寻找到有效教学的突破口和关键环节、调整和弥补教学中的不足。除此之外，由于学生个体存在差异，及时进行课堂评价的反馈给教师提供直接了解学生学习现状的机会，对老师给予学生课后的个别辅导提供对策和保障尤为重要。

（2）形成性教学评价对学生学习的促进作用

形成性教学评价可以使学生参与教学的积极性得到培养。形成性的教学评价可以将学生表现情况数据化，例如学生课堂发言次数记录、作业完成优等次数以及课堂提问情况等，这种量化的评价结果可以鼓励学生积极参与课堂活动，改变传统单一接受性的学习模式。

形成性教学评价能培养学生对平时学习情况认知水平。学生的自我认识对于学习十分重要，可以用来调整学习情绪，改变在学习中的被动地位，及时发现和弥补自己的薄弱环节，提高学习的达成度。另外，通过每个阶段的评价活动会促使师生之间及时交流，共同找出教学和学习中的问题，解决问题。

（二）注重学生学习体验

体验式学习是指学习主体对知、情、意、行的体验中获取知识积累或者能力提高的过程。体验是一种复杂的过程，常常会包含身体和内心、感性和理性以及情感和思想方面的相互作用。正因为如此，体验会比单方面的听、讲更能引起机体对事物的关注，形成深刻的记忆。因而有效教学策略的制定可以从学生的体验出发，在开展教学活动时应尽量减少课堂授课时间，把大量的课堂时间放在学生对教学活动的体验上。例如，人教版必修一生物课程中"高倍显微镜的使用"，老师即使在课堂上讲多少遍使用步骤和操作方法，再去向学生提问时许多同学仍不能完整给出答案。相反地，如果老师在必要的操作知识讲授之后让学生亲自去运用显微镜观察实验样本时，学生在短时间内就能够对显微镜的操作以及结构特征掌握得很清楚且不容易遗忘。另外，体验式学习不仅能提高教学的效益，还能增强学生的动手操作能力，提高学生的学习兴趣。

（三）关注学生的全面发展

有效教学中，成绩并不是有效教学唯一的衡量指标，对教学效率的考量应该是多角度的。在有效教学的理论中就已经提到有效教学不仅关注知识的传授，更关注学生能力的培养；在多元智能理论中提高有效教学不只是促进学生单方面智力发展，更是要多元智能共同发展。因而，在有效教学策略的制定和实施过程中，要注重学生的全面发展，既要培养学生的思维能力，也要培养学生的动手操作能力。高中生物是一门实验性很强的学科，存在很多课程知识在与实际生活结合才能达到理解和运用的目的。学以致用也是新课标对生物学科教学的基本要求。有效教学策略在生物课堂上的实施，在学生生物思维和动手能力的养成方面均有显著提高，促进学生多元智能同步发展。

（四）凸显师生共进的教学效果

有效教学的"效"多数只用学生的学习效果进行描述，但是学生在教学中学习效率的提高更离不开教师在教学方面对的进步，老师是课堂中最关键的要素。此时课堂"老师主导，学生主体"的教学原则也应该拆分来看，老师只有主导作用发挥得好，学生才能获取更有效的指导。老师对教学效率的作用是不容忽视的，学生和老师在各自作用充分实现的同时，才能实现并保持课堂效益的快速提升。在高中生物有效教学中，学生和老师的角色也要发生相应的转变。①在传统生物课堂中具有绝对主体地位的老师要向导师进行转变，将课堂中工作重心从对知识的讲授转变为对学生学习的启发和指导；②学生要成为课堂学习的主体，在老师指导下积极完成对课程知识的认知、思考和运用，使课堂中所学的知识深耕于心中。

第三节　高中生物课堂教学中的有效提问

一、课堂有效提问的概念

（一）课堂提问

"提问"，顾名思义，就是提出问题要求解答。课堂提问指教师根据一定的教学内容和目标，针对教学的重点以及难点，充分考虑学生的知识储备和实际情况，通过创设课堂中的问题情境、培养学生的问题意识、设置疑问并逐步引导学生进行学习的教学行为方式。美国心理学家瑞格认为，课堂提问是教师通过引起学生疑问来获得反馈信息的过程。有一些研究者提出，课堂提问应该包括两种：①教师对学生的提问，②学生对教师的提问；提问是双方的、互相的。但由于目前在我们的课堂中，教师仍是课堂提问的主体，因此本研究中的课堂提问主要指教师对学生的提问。

（二）课堂有效提问

在《现代汉语词典》中，提问指"提出问题来问"，有效的意思是"能实现预期目的；有效果。"

山东师范大学崔斌认为有效提问指教师在课堂教学中能提出引起学生思考的问题，使学生处于怀疑、焦虑的心理状态，并且在此过程中教师重点关注学生的思维，引发学生积极地思考和特定的认知操作。

华中师范大学李红平认为课堂有效提问指老师们参考书本上的相关内容，深入地了解学生的发展特点，有目的地提一些让学生能不断地进行深入认识新事物的简短而又明确的问题；并且能加强师生间的互动，使学生积极主动地参与到课堂教学，并从中获得综合能力的提高。

提问有效性是相对的，不能绝对地判断某个问题是否有效。提出的问题是否有效既要强调问题价值大小，也要求问题引发学生思考，促使学生思维的发展。

（三）生物课堂的有效提问

根据对有效课堂提问的阐述和生物学科的特点，将生物课堂有效提问的含义归纳为：教师根据生物学科的内容和特点，设计出适合学生水平的问题，并以学生容易接受的方式提出，通过教师的引导和恰当的应答让学生更加踊跃地参与到学习过程中，以促进学生对生物知识和生物科学方法的掌握，提高学生学习、表达、概括、分析等多方面的能力。

二、有效提问的构成要素

（一）提问的语言

一位教师的语言表达能力强，就可以给学生以明确的表象，并且学生提取信息也快，这样自然可以提高课堂效率。女教师的语言往往让人易于接受，是因为有优美动听的音色，再加上教师的亲和力强，更能抓住学生的心，让他们全身心地投入课堂。另外，老师思维的清晰度会影响讲课内容的连贯性和科学性，也会对学生的认知过程造成一定的影响。

（二）提问的反馈

老师们可以根据学生的反应情况来采取自己认为正确的反馈形式。当学生能准确清晰地完成问题的解答，或有一定程度的创新时，教师应及时地给予赞赏和鼓励。而当学生回答过程思路受阻，不能顺畅地组织语言时，教师可以给予他们鼓励性话语，以刺激和引导性语言进行指导，保证他们的思路畅通，得到更完整的答案。如果学生在做题时，一筹莫展，不知从哪里入手，这时候教师可以将题目中的关键字词重复多次，引导学生进行解题。

（三）应答的对象

在班集体里，总有一些层次相近的学生组成的团体，我们也不妨将他们分成多个小集团，有精力和时间的话，尽量多地分，这样就可以针对这些小团体提出相应难度的问题。难度较大的题目可以专门由理解能力和语言表达能力都较强的个别学生给大家讲解思路和做法，而基础性问题可以面向全体学生进行提问。也就是说，我们可以在个体、团体、班集体三个层面进行提问。

（四）等待的时间

如果提出问题后直接让学生回答，学生就不能直接说出答案，因为问题的难度大小会影响学生的反应能力。所以我们在处理问题的时间控制上要因题而异，不主观臆断，在备课时可以进行商讨，共同确定下来每道题目到底需要多长的候答时间，方便学生理顺自己的思维，清晰地作出创造性的回答。

三、生物课堂提问的类型

由布鲁姆认知领域六层次理论可将问题划分为以下六种类型。

（一）识记性提问

识记性提问要求学生对已经学过的知识进行再现或识别，来检查学生知识的掌握情况。课堂上不宜运用过多，否则易导致学生死记硬背，不易形成知识网络如"细胞呼吸的概念是什么？"

（二）理解性提问

理解性提问指为了解学生是否抓住问题本质，让学生描述事实、事件，或讲述中心思想，或进行对比。如"阅读新课标人教版必修1课本中的细胞呼吸的过程，如何总结概括整个细胞呼吸的生理过程？"

（三）应用性提问

应用性提问是指教师要求学生运用新学和已学知识来解决新面临的问题。如"计算有氧呼吸消耗 1 mol 葡萄糖需要多少 mol O_2？产生多少 mol CO_2？"

（四）分析性提问

分析性提问是指要求学生识别问题情境中的条件，分析产生现象或结果的原因，或者要求学生找出条件之间、因与果之间的联系。如"我们知道艾滋病产生的根本原因是 T 淋巴细胞受到 HIV 的攻击裂解死亡，那么艾滋病患者死亡的直接原因是什么呢？"

（五）综合性提问

综合性提问要求学生迅速检索与现有问题有关的知识，并对它们进行分析综合得出新的结论。如"我们知道植物根部细胞要进行细胞呼吸，那么水稻田里为什么要定期排水？"

（六）评价性提问

评价性提问是指让学生运用已有知识和认知标准，对现有的过程或方法做出评判。如"新课标人教版必修 3 课本促胰液素的发现实验和赤霉素的作用观察实验中，有没有什么不合理的地方，应该怎么处理更科学？"

四、有效课堂提问的特点

综合多位研究者的研究成果，将有效课堂提问的特点归纳为以下几个方面。

（一）问题难度适中

根据维果茨基的"最近发展区"理论，课堂提问的难度应该控制在一定的范围内才能有效发展学生的思维。因此教师在设计问题时应考虑到学生的知识水平，把握好问题的难度。季卜枚认为，学习难度大致高于学生学习能力的15%为宜。

太难的问题使学生思考无果，不仅会让学生产生挫败情绪，也白白浪费了课堂时间；太简单的问题虽然方便学生回答，却不利于学生的思维发展。假若问题存在15%的困难，学生迎难而上，克服困难，解决问题，提问效果往往最佳。

（二）问题与重难点相关

一节课仅有 40 分钟，如果教师在提问内容上面面俱到，很有可能导致一课时的内容无法在有限的时间里讲完。因此，教师不必"满堂问"，将问题集中在重难点处不仅节约时间，也有助于学生对重要知识的掌握和对难点的突破。

（三）有一定的开放性问题

有学者通过研究发现，课堂中开放性问题的比例应随课堂内容所对应的行为复杂性而变化，当复杂性较低时，开放性问题的最佳比例应为 30% 左右；而复杂性较高时，开放性问题的比例最好控制在 40% 左右。与答案唯一的封闭性问题相比较，开放性问题更能激发学生思维的运转，发展学生高层次的思维活动。课堂上提出一定的开放性问题对学生大有裨益，开放性问题的比例影响着教学的效果。

（四）提问循序渐进

教师在课堂上的提问应当是循序渐进的，这有两种理解：一是教师在课堂上的提问应该有一定的层次，即针对要解决的"总问题"来设计一些"子问题"作为铺垫，来降低思维难度。二是问题的设计应当符合学生的认知顺序，从未知到已知，问题之间要环环相扣，使教学内容连贯起来。假若问题之间跳跃性太大，会造成学生思维的混乱，阻碍学生建立知识框架。

（五）问题表述简洁清晰

莎士比亚曾说过："简洁是智慧的灵魂，冗赘是肤浅的藻饰。"教师在课堂上所提的问题是口头的语言，学生无法进行重复阅读，过于冗长和复杂的问题，教师说完一遍之后，学生很难记忆和理解。有时教师会把几个问题放在一个句子里同时提出，学生容易只就其中一个点进行回答，难以回答全面。有效的问题表述应具体且精炼，突出中心大意；一个问题最好集中于一个点。

（六）提问态度友善

教师在提问时的语气、表情、动作等也影响着课堂提问的有效性。课堂上的提问不应该是给不听话的学生出难题，严厉的语气会让学生紧张和压抑，产生回避和抵触情绪，无法发挥学生的积极性。若教师面带微笑，以肯定的目光注视学生，并以友善、和蔼的语气和谈话式的态度来提问，则有利于拉近教师与学生的距离，让学生流畅地进行思维，从而顺利解决问题。

（七）候答时间充足

候答时间包括两种：第一候答时间与第二候答时间。第一候答时间指教师提出问题到学生回答该问题之间的时间，第二候答时间指学生回答完问题到教师进行反馈或提出下一个问题之间的时间。候答时间是大多数教师容易忽略的一点，盖奇和伯利纳 1992 年的研究报告和罗威与托宾在 1986 年、1987 年的研究报告显示，教师提问后平均只给学生 1 秒的等候时间。他们建议，对于低水平的问题，教师可给予 3、4 秒的等待时间，对于高水平的问题，可以将等待时间增加到 15 秒。适当增加两种候答时间能让学生给出更完整的答案，也能使学生对自己的回答更确定。

（八）合理叫答

请一个学生或者一个小组回答要比让全班一起回答高效得多，全班一起回答可能会让一些不会回答的学生滥竽充数。叫答最好在提出问题之后，让学生在提问后产生"可能会叫到我"的紧张感，促使学生思考问题，保持思维的活跃；若叫答在提问之前，可能会使没有被点到的学生不愿思考，提问就发挥不到应有的效果。当然，教师也需要在班级中平均地分配问题，哪种难度的问题该叫哪种水平的学生回答，教师应做到心中有数，合理分配。

（九）积极的理答

理答可分为积极理答和消极理答。有实验表明，教师的理答态度与学生回答问题的积极性有紧密的联系。积极理答如"好""不错""没关系，坐下来再想想"等鼓励性、肯定性的语言或微笑点头等肢体上的行为让学生充满信心，强化了学生回答问题这一行为；消极的理答如"嗯""不对"或者仅仅挥手示意学生坐下等行为会降低学生回答问题的积极性。有研究指出，教师越是能对学生的回答表示肯定、鼓励和欣赏，学生越是能自愿、积极地参与到问答活动中。对于学生任何诚恳的回答，教师需给予有效的回应和反馈，切不可不做回应。

五、课堂提问应该遵循的原则

（一）提问应遵循客观性原则

提出的问题应该根据学生已有的知识水平和能力水平，设计出能够激发学生活跃思维的问题。教师要首先确定学生的"现有发展区"和"最近发展区"，即充分了解学情。在现有发展水平的基础上，提出学生有能力解决、同时又富于挑战性的问题，将最近发展区转变为新的已有发展区。

（二）提问应遵循启发性原则

课堂提问所具有的最大的价值就是它的启发性。它能够引导学生对学习和理解知识，激发学生的思维，使学生在学习知识的同时，思维能力和解决问题的能力得到提升。在课堂提问中尽量减少"是不是""对不对"的问题，虽然这些判断性问题很容易回答，学生往往回应非常积极，但这些问题并不会引发学生的思考，课堂活跃只是个假象。教师应该设计一些疑问性的问题让学生回答。例如，在"光合作用"一节中，可提出问题"在叶绿体中，哪些结构特点是与它的功能相适应的？"这个问题学生必须经过全面深刻的思考才能够回答，既考查了本节光合作用过程场所的知识点，也联系了前面的细胞的基本结构一章的内容，而且体现了结构与功能相适应的生物学普遍规律，这就是一个很有启发性、很有思维含量的问题。

（三）提问应遵循实践性原则

生物是一门跟现实生活联系非常紧密的学科，如果只是讲述知识是非常枯燥的，没有吸引力，也难以体现生物学科的实用性。我们在课堂中，可以将跟课堂知识联系紧密的日常生活现象引入思考问题中来。比如，在讲解人体内环境稳态的调节内容时，在讲解人体体温的调节这一知识点的时候，让学生回忆天冷的时候自己的身体会出现哪些反应？这些反应如何达到调节体温的目的？这样的问题就能够充分调动学生的积极性，增强课堂的趣味性。

在设置情境的时候这个原则是广泛适用的，从学生熟悉的现实生活现象入手，将课本的理论知识与现实生活紧密联系起来，这也是"最新发展区"理论的应用。

（四）提问应遵循递进性原则

人的思维通常都是遵循由浅入深、由表及里的规律，教师在设计问题的时候，一定要按照这个规律来设计。教学应该是循序渐进的，问题的提出往往是发生在旧知识与新知识连接的时候，教师在提出问题的时候应该以学过的问题为基础，从易到难，从简到繁，让学生一步步达成教学目标。

（五）提问应遵循明确性原则

所谓明确性，首先要针对地指向本节课的教学目标，旨在解决本节课的重难点，切忌散漫无序的问题。提问的目的就是为了完成本节课的教学目标，这样学生会更加明确学习任务，能够更多地将注意力集中到重、难点上。

（六）提问应遵循散序性原则

散序性指的是问题要体现出发散思维的设计理念。教师在课堂上要尽可能多使用开放性的问题，启发学生的创造性思维和锻炼开阔他们的发散性思维。但不能太过散乱，思路应该是渐变而有序的。

（七）提问应遵循准确性原则

首先，选点要准，就是指问题的本质要围绕教学目标，将知识通过提问展开，提问要突出教学的重、难点。其次，提问用语要准确，使用专业术语，避免使用易引起歧义的词语。

（八）提问应遵循针对性原则

应针对不同的学生设计不同的问题，课堂教学中问题设计应考虑学生的心理和年龄特点，兼顾各类学生，做到难易结合，形式多样，有梯度、分层次，面向全体学生。

六、生物课堂有效提问的功能

20 世纪末，特纳列出了课堂提问的 12 个功能。克拉克和斯塔尔二人在此基础上细化了其功能，认为课堂提问有 19 种功能。国内研究者归纳总结出了提问的 10 个功能。经过综合分析，笔者认为课堂有效提问有以下功能。

（一）有利于完成教学目标

我们的课堂教学需要在三维目标的指导下去设计、组织和实施，使学生通过学习的过程真正认知到知识的内涵，体验到知识的趣味，感悟到知识中的情感和价值。

1. 有助于知识体系构建和检测

课堂有效提问的设计与实施可以帮助学生及时回顾已学过的知识，学习新知识，根据学生的认知规律，帮学生构建知识框架。提问在解决问题的过程中帮学生解释材料及其内部逻辑顺序，不断生成和解决问题。如此一来，教师提问或者学生之间的相互提问就能成为复习反馈的一种手段。

2. 有助于学生做题技能发展

教师把提出的问题引入到一定的深度，可以帮助学生理清思路，使学生会用严谨规范的语言表达自己的观点，训练学生的审题、识图、图文转化、理论联系实际等方面的能力。

在这一过程中，学生的逻辑思维能力得以提高、创新能力得以发展，语言表达能力得到锻炼。

3. 有助于学生提出创新性问题

鼓励并教会学生向自己或他人提出相关的问题，寻找有利证据来支撑自己的观点，拓展思维，培养其鉴赏能力。在此过程中，知识内容得到深化，同时也增强了同学们利用科学世界观等哲学观点感悟生命、感知世界的能力。

（二）有利于组织课堂教学活动

1. 促进学生自主探究、合作学习

给学生提供一些能够更好地组织学生学习的问题材料或者提供一个参与讨论、合作学习的问题支点，可以引导学生自主探究。强化学生对班里其他成员提出的问题进行的评价和评论过程，让学生表达对某个问题的意见，把信息有效地传递给参与学习过程的合作小组或者个体，让大家齐心合力，共同解决实际问题。

2. 促进师生交流和互动

教师设计问题时要找出学生的学习兴趣点，在兴趣点上实施教学，使学习充满乐趣。

课堂提问可暴露学生的喜好、价值观取向等信息，教师应及时地调整教学活动方案与策略，迎合学生的学习兴趣点。提问的反馈环节应让学生不时得到教师的鼓励和耐心细致的指导，这样会积极充分地调整学生的学习状态。

（三）有利于课堂教学生成性评价及课后教学总结性评价

1. 有助于调控教学过程

课堂提问可提醒注意力易分散的学生，把注意力尽量集中到学习上，从而使得教师的教和学生的学顺利进行，提高课堂效率。高中生物新课程理念要求生物教师所设计的问题应围绕教学目标，给学生提供生动有趣的生物事实材料，创设问题情境，化学习内容为具体的问题，逐步培养学生探究问题的意识和能力。这样，师生的课堂活动就在一定的框架范围内进行，利于教学目标的达成。

2. 有助于诊断教学效果

通过问题形式引导学生预习新内容，为课堂教学奠定良好的知识基础。通过课堂有效提问，为学生吸收知识提供相应的平台，检测妨碍学生学习正常进行的原因，及时调整教学策略，以免挫伤学生的积极性。课堂提问可用于评价学生是否已经掌握教学内容，是否能够运用教学内容解决实际问题，是诊断教学效果最直接的良好形式。

七、高中生物课堂提问存在的问题与原因

（一）存在问题

1. 评价简单

学生回答错，并不是他们的本意，老师也不愿意伤害他们的自尊心，不去指责他们是正常现象。老师们久而久之就有一种思想惰性，不再愿意去帮学生仔细认真地分析学生自身的问题，评价不准确，不利于学生明确方向，纠正错误，学习效率自然大打折扣。

2. 开放性问题少

对于开放性问题学生在思考时可以从多个角度分析并在不同的方向指导下回答出不同的答案，只要给出的理由充分，就算是正确的答案。但是利用此类问题提问容易偏离教学目标，不好掌控课堂教学进度，所以大多数教师很少大量地提出开放性问题让学生答。这样教师所设计的问题在解决过程中就很难出现具有高强度的创造性思维过程，学生的创造力也很难提高。

3. 课堂参与度不高

教师们总用一种形式提问，可以引起学生思维的限制，不能多角度考察问题或概念的实质，积极性就不容易带动起来。老师们为了赶教学进度，只是关注学习成绩好的同学如何参与自己的课堂，成了这些同学的研习课堂，其他学生被晾在一边成了看客，导致一些学生参与课堂积极性严重下降，挫伤他们的学习积极性。

4. 缺少生成性问题

老师的过度讲解会限制学生的思维发展，不愿意再自己主动找寻问题的答案，这样会导致学生什么问题都依靠老师的讲解。如果教师长时间以来都不关注并改观这种现象，就会任由学生的懒惰思想蔓延。故此实际课堂教学中，课

堂教学过于死板，教师过分地追求教师自己认为的完美目标，教师无法及时捕捉学生的问题点，以致生成性问题大幅度减少甚至为零，尤其是缺少学生对老师的质疑，对学生的创造力思维发展造成了毁灭性的打击。

5. 候答时间控制不好

受课时数、教学进度影响，老师留的思考时间少。很多老师提出问题后，不留任何时间或很少留时间，就让学生作答，以至于回答问题的学生还没听明白题目，更别提独立自主地解决问题并在解决问题过程中提升能力了。

6. 问题缺乏深度和广度

实际生物课堂教学过程中，教师们提出的大多数问题还是以记忆为主的基础性问题，考查基本知识，启发性差。但真正考试做题时，学生会面对越来越多地注重学生思维和能力考察的热点问题，学生不知将课本基本知识和题目涉及内容进行联系，思维跟不上，导致出现眼高手低的现象。这与学校的基本情况有关，学生们在小学初中阶段打的基础不牢，学习能力低下，过于困难的问题接受不了，很不利于教学的进行。

（二）原因分析

1. 教师教学观念滞后

高中教师课业负担大，至少要带三个班级的课，学校有考勤制度，校领导随时有事就开会，再加上平时的改作业、备课、考试改卷，找学生谈心解决生活中的困难，生活要比小学、初中教师紧张和繁重得多，能提升老师教学能力、更新教师教学观念的研修学习任务被挤占后剩余的时间很少，即使研修也是在仓促中进行。新课程理念虽说已经进入学校，用在课堂，活跃在师生之间，但是旧的教学模式仍在老师们的思想中占据很重要的地位。

虽然学校领导不断地督促教师们学习，不断地充实老师们的教学思想，致使老师们的教学观念在一定程度上有些更新，但是只要不上公开课，不组织优质课或教能课，大部分教师的课堂教学仍然在实行学练结合教学法，并不是真正的新课改制度下的课堂。

2. 学生的问题意识薄弱

传统的课堂教学就只是在教学大纲范围内，解决课本练习中的问题，学生的问题解决了，课堂教学就大功告成了。这样的课堂会使学生变得越来越懒于思考，缺少质疑精神，越来越依赖老师、课本及资料，没有自己对生物现象或生理过程的深入理解和图式形象，很不利于练习或考试中问题的处理。

3. 高中学生的生物学习障碍

高中生物必修二"减数分裂""遗传"等部分内容较难，学生学起来比较吃力，动力不足，致使学生不愿意参与生物课堂学习，学生往往只是沉心于记笔记，对老师的提问一点儿也不关心，或者学生不清楚解题思路，不能真正深入到题目情境之中，不能逐步地解答题目，以至于出现教师自己问自己答，也就出现了"满堂灌"。

4. 教师欠缺对课堂提问的研究

大部分教师意识不到课堂提问包括设计、实施和评价，是一个完整的体系。常常出现某些环节运用不当或缺失的状况。例如，在调查中有些老师并没意识到候答时间和科学有效的评价会提高提问效率，这就需要教师在做好自己本职工作的同时，多静下心来学习一些教学理论，总结一些教育教学规律用于自己的提问教学中，逐渐改进自己的教学。

八、高中生物课堂有效提问策略的实施

（一）高中生物课堂有效提问设计的策略

上好课的前提是备好课。为了使课堂提问有效地发挥作用，教师需要在备课的时候精心设计问题，把准备问题作为备课的一个最重要的线索贯穿在整个备课过程和各个环节当中，教师必须重视问题的准备，这是引发学生思考和达成学习目标的最重要最直接的途径。

不经过备课的提问往往是随意性太强，缺乏思考性，或缺乏逻辑性，表达不清晰等。因此，教师在备课时注意策略，在提问目的、提问内容、提问方式、提问语言、提问顺序和提问对象等方面做好准备。具体的设计问题的策略包括以下几个方面。

1. 设置好提问的时机

要控制问题的数量，并不是问题越多越好。老师满堂问，学生满堂答，从表象上看似乎是非常活跃的课堂，实际上问题过密，会导致学生的疲劳，变成应付式的回答。这样不仅达不到预想的教学效果，反而让学生失去学习的兴趣，因此，应该精简问题数量，要在恰当的时机提出问题，该问则问，重视提问的质量而不是数量。提出问题的时机应有以下几个。

（1）重、难点所在处

提问能够使学生集中注意力，在重、难点处提出问题，得到解决的过程中可以使学生更加深刻地了解知识。

（2）在新旧知识冲突的地方提问

知识建构过程中有顺应也有适应，新知识往往与旧知识存在某些程度的冲突，这就是提问的好时机。例如，《物质跨膜运输的实例》一节中，讲到渗透作用是自由扩散，二者有什么不同？在物理课的学习中我们知道扩散的方向是从高浓度向低浓度扩散，可是关于水分的渗透作用，水分的扩散方向却是从低浓度溶液向高浓度溶液扩散，这是不是矛盾呢？

（3）在引起联系的地方提问

虽然生物的知识点很多很细，但是也可以相互联系构建网络的。根据课堂的需要，教师可以适当提出联系紧密的问题，促进知识点之间的联系。例如，讲到质壁分离的原因的时候，可以联系细胞壁的成分和作用，细胞膜的成分、结构、作用，液泡的成分和功能等。讲到红细胞可以多方面联想，比如由蛙的红细胞想到无丝分裂，红细胞中基因选择性表达制造的血红蛋白的功能是什么？制备细胞膜的时候选材以及原因是什么？葡萄糖进入红细胞的运输方式是什么？哺乳动物成熟的红细胞没有线粒体，呼吸方式是什么？这样的问题形式在高三复习课中是常用的。

2. 提问的难度要适中

根据维果茨基"最近发展区"理论和心理学的动机学说，学生总是对努力后能解决的问题更有兴趣，因此课堂问题的设计要难度适宜，太简单或者太难的问题引发的兴趣则相对较低。在日常教学中，有的课堂看起来热闹，细究提问的内容大多是"好不好""对不对""同意吗"等简单机械的问题，这种没有什么思维含量的提问，没有任何挑战性，学生无须思考，只要附和就可以了，变成机械式的应答。而难度太大的问题则超过了学生的知识和能力范围，学生力不从心。因此，教师的提问具备一定的难度，激发学生探究的好奇心，使学生通过努力达到"最近发展区"。

实例：《细胞呼吸》一节中有氧呼吸的过程知识点提出的问题。

问题 1：有氧呼吸进行的场所是在细胞的哪个结构？

问题 2：线粒体的由几层膜构成？

问题 3：线粒体的哪些结构与它的功能是息息相关的？

问题 4：有氧呼吸分为几个阶段？每个阶段分别生成了什么物质？发生的

场所在哪？

问题5：有氧呼吸过程中，哪些阶段产生了还原性氢？去向是？

问题6：有氧呼吸各阶段中哪几个阶段产生了 ATP？产生最多的是哪个阶段？

问题7：所谓有氧呼吸，每个阶段都有氧气的参与吗？

问题8：如果用同位素标记了氧气中的氧，最终会出现在哪个产物中？

这个实例中大部分问题都有一定的思维含量，必须在充分理解课本知识的基础上才能做出解答，是难易适中的好的问题设计。

3. 问题的设置应循序渐进

高中阶段生物有的知识比较难懂，学生难以理解，如果教师提出的问题过于理论化、深奥，会使学生不知道如何回答，不但不能达到预期的学习目标，还会挫败学生的积极性。

此时教师不妨把知识转化为一系列小问题，像铺设阶梯一样，一步步解决问题，由简到繁、由浅入深，化难为易。

实例：如在讲授《降低化学反应的酶》一节中，可以将问题分解为以下几个。

问题1：鸟类的消化系统由哪些器官组成？各物质消化的主要场所分别在哪里？

问题2：意大利科学家斯帕兰札尼的实验要解决什么问题？

问题3：你认为是什么物质导致了肉块的消失？

问题4：与体外的化学反应相比，生物体内的化学反应有什么特点？

问题5：生产生活中使用的无机催化剂和生物体内的有机催化剂——酶相比，二者有什么区别？

4. 提问要注意问题的趣味性

课堂中如果只是讲述理论和原理，这是非常枯燥无味的，学生会失去学习兴趣，而且感觉很难理解，因此教师在课堂中提问要注意增加问题的趣味性，来激发他们的好奇和探知欲望，提高学习热情，还可以集中学生的注意力，进而提高课堂效率。

实例1：《细胞的衰老》一节，首先播放一首歌《当你老了》的片段，其中歌词唱道："当你老了，头发白了；当你老了，走不动了，只有一个人还爱你虔诚的灵魂，爱你苍老的脸上的皱纹。"在这个情境下，就可以适时提出问题：当人们老了的时候，为什么头发会变白？为什么精力变得不再旺盛？为什么会满脸皱纹呢？

实例2：讲授《自由组合定律》一节的时候，性状的重新组合可以用一个趣味小故事引出英国文学家萧伯纳盛名已久，一名美貌的舞蹈演员倾心于他，向他说道："如果我们在一起，以后的孩子像你一样聪明，像我一样美丽，是多么美好的事情啊！"萧伯纳却说："如果孩子长得像我但是思想像你，是多么糟糕的事啊！"孩子跟父母一定像吗？会像谁多一点呢？有什么规律可遵循吗？看，由这个小故事便引发了学生的兴趣和探究欲望。

5. 紧围绕教学目标设计问题

设计问题之前一定要明确本节课的三维目标，一切提问都是围绕着达成教学目标来服务的。

实例：如某教师在《细胞中的无机物》一节中共提出了15个问题，每一个都是紧紧围绕着本节课的教学目标。

问题1：根据问题探讨中运动员饮料化学成分表，请计算每升饮料中水占多少？水在细胞中起什么作用？

问题2：请在表格中找出属于无机盐的成分。为什么要在运动饮料中加入无机盐成分？这可以说明无机盐在细胞中起什么作用？

问题3：阅读课本，总结水在生物体中的含量有什么特点？水在细胞中的存在形式有几种？

问题4：自由水和结合水的功能分别是什么？

问题5：你还能举出哪些实例说明"生命活动离不开水"？

问题6：烧完秸秆后，最终会得到一些灰白色的灰烬，请问这些灰烬是什么物质？其他成分的去向？

问题7：在细胞中无机盐有几种存在形式？其中大多数无机盐以什么形式存在？

问题8：有一种贫血症叫缺铁性贫血，为什么缺铁会导致贫血？

问题9：为什么缺镁的植物叶子会发黄？

问题10：为什么要在食盐中加碘呢？

问题11：你还能想到哪些因为缺乏无机盐而引起的疾病吗？

问题12：为什么老年人容易骨折？

问题13：患急性肠胃炎的病人，为什么医生要给他们注射生理盐水？

问题14：为什么盛夏时节，在室外工作的工人要喝盐汽水？

问题15：细胞中的无机盐有哪些作用？

6. 提问要指向明确、表达准确

语言是教师进行课堂教学非常重要的工具，教师的语言表达能力在很大程度上影响着教学效果。教师在设计问题时，语言要简洁明了，同样的意思，用短句子更能够让学生接受。问题的设置也应该要流畅有逻辑性。例如，进化一章中，"具有低频性和多害少利性的基因突变如何能够改变种群的基因频率导致生物的进化呢？"换成另外一句"自然界中生物的突变频率很低，而且一般对生物体是有害的，为什么还能够为生物进化提供原材料呢？"这样读起来是不是舒服多了。

教师要利用好语言这个工具，提出的问题要让学生充分了解教师的意图。范围不要太过宽泛，例如"请同学们回忆我们上一节课学习了哪些内容""生物是如何进化的"等，这些问题，让学生从哪里答起呢？教师提出的问题越具体，学生的思考就越清晰，回答就越明确。

实例：在讲授《基因是有遗传效应的 DNA 片段》这一节时首先要分析四个资料，得出基因和性状之间的关系，如果直接提问"从资料中我们可以得到什么结论？"学生很难快速答出来，但是如果更加明确一些：小鼠发光、肥胖这两个性状跟资料中提到的基因是什么关系？这样的问题学生很快就能回答出来，就是因为指向明确，问题中已经给出了一定的导向和提示。

7. 提问要注意问题与生活实际的联系

中学生物教材所学的内容跟实际生活是息息相关的。在新课程标准解读中，也要求生物课讲述的内容要贴近生活，如果课堂全都充斥着专业术语的提问，会使得教学过程索然无味。这要求我们在设计课堂提问时要紧密联系生产生活，锻炼学生运用理论知识解决生活中存在的实际问题的能力，这样的课堂充满了生活气息，也拉近了师生之间的距离。

实例 1：在讲《物质跨膜运输的实例》一节时，以细胞渗透吸水和失水为例，教师可以在以下问题中选择：咸菜吃多了的时候，你嘴巴会有什么感觉？为什么？这个时候应该怎么去缓解？包白菜馅儿的饺子时，当剁碎白菜调馅儿前，要先放一些盐，放置一会儿，裹在纱布中可以挤出很多水分，这些水分是哪里来的？菜市场买来的菠菜拿回家已经打蔫了，如何让它恢复到挺拔的姿态呢？农田中化肥施多了，会造成"烧苗"现象，这是为什么？

实例 2：在《细胞呼吸》一节中可提出以下问题让学生思考细胞呼吸的反应物和产物。

问题 1：水果储存时间太长就没有那么甜了，有的还会散发出酒味，这是为什么？

问题2：萝卜储存时间长了以后会变成空心，这是为什么？

问题3：刚收获的小麦堆成堆，手伸进去，会觉得潮湿发热，这是为什么？

问题4：前一天体育课长跑后，第二天早上会发现肌肉发酸，这是为什么？

（二）高中生物课堂有效提问实施的策略

上课是教学工作中最重要的环节，经过精心设计的课堂提问还要落实到课堂教学中，在高中生物课堂中提问行为的有效性同样十分重要。

1. 候答的策略

所谓候答，是指教师在提出问题后，留给学生一定的时间进行思考和语言的组织。在高中生物课堂中提出的问题一般都是具有一定思维含量的，学生需要一定的时间理解问题、思考问题、组织回答的语言。这就要求教师根据问题的类型和难度设置不同的候答时间。如果不给学生充分的思考时间，问题得不到有效解决，通常是教师自问自答，这样看起来课堂效率提高了，问题解决得很快，实际上学生并没有真正去参与，在自主探究课堂的皮囊下还是传统的灌输式教学。还可能出现的现象是在候答时间较短的情况下，班级里有个别反应非常快的同学迅速回答出问题，这样的课堂中大部分同学来不及反应，只是被动地听讲，本来精心设计的问题在实施起来却变得十分低效。因此，一般认为，通常问题提出后，需要等待足够的时间使学生做好准备，若是较为复杂的问题，依据需要可以设置更长的候答时间用于讨论。

2. 叫答的策略

叫答指的是教师在候答之后组织学生来回答问题的过程。

（1）叫答时要点名

这要求教师在短时间内尽快熟悉班级的同学，能够迅速准确地叫出学生的名字，这样会拉近师生的关系，让学生感受到自己是被重视的，会更努力地表现自己。这是对学生的尊重，也是对教学工作的尊重。

（2）叫答时要面向全体同学

一个班级里肯定有学习好的同学，也有基础较差的同学，教师应该平等对待，让每一位同学都有回答问题的机会。提问成绩好的同学，问题可以很快解决，但是基础较差的学生长时间无法参与会失去学习的积极性，因此教师一定在提问的时候照顾到各个层面的学生，不要厚此薄彼。教师可以根据问题的难度进行分配。另外，一些性格内向的同学没有勇气主动回答问题，教师可以多鼓励他们，并主动交流来改善这个状况。

（3）叫答的形式多样性

可以随机点名，也可以顺序回答，可以小组合作回答，各种叫答形式交替使用，使课堂气氛更加地生动活泼。

3. 理答的策略

理答，是指在叫答后教师对学生回答的反应和处理。教师做出的反应会影响到学生回答的积极性，如果教师一味表扬或者一味批评，都不利于课堂的有效提问。

首先，在学生回答问题的过程中，教师要认真倾听，理解学生的思路，即使中间出现错误也尽量不要打断，而是让学生充分地表达自己的想法。

其次，学生答完后要及时进行有针对性的评价。对于回答正确的同学，给予表扬。对于不够准确的答案，应该在肯定正确部分的基础上，及时进行引导，指出错误的部分和错误的原因。

另外，在学生答完后如果觉得回答不够完整或者不够深入的话，可以采用探问、追问、转问等理答方式。探问是换一个方式继续提问；追问是学生回答完后，教师进行补充、深化，具有一定的偶然性和随机性，教师也可以在备课的时候通过预测学生的回答进而实现设计追问问题；转问是学生回答不出的问题可以让其他学生继续帮助回答。

其中，追问是比较常用而且效果较好的一种理答方式。比如，在讲授"体温调节"相关知识的时候，可以提出问题："在寒冷环境下，人体内的激素水平会发生什么样的变化呢？"学生回答后可以继续追问："这些激素提高产热的机理是什么？还有哪些激素也跟代谢水平相关？"

通过引导探究的理答行为，来不断巩固所学的知识，激发学生思维，提高学习的积极性，活跃课堂的气氛，以及培养学生表达和应变能力。

在通过引导让学生回答完问题之后，教师要对学生的回答进行总结归纳和升华，使知识的呈现更加条理、客观、完整。这不是让教师重复回答，而是为学生整理简化思路，提炼知识点，掌握分析方法和过程。

4. 鼓励学生提出问题

现在的课堂模式中，基本都是老师提问—学生回答—老师点评这样的提问模式。在课堂教学不断改革的今天，笔者参观学习的过程中发现有的学校鼓励学生自学，并向老师提出问题，从而培养学生的问题意识，这种形式是可以作为课堂提问模式的补充。通过发展多元化的提问方式，将师生提问、生师提问、生生提问共同应用，实现更加高效的高中生物课堂。

5. 创设和谐的教学氛围

课堂是教师与学生交流的场所，和谐的师生关系有利于课堂提问的有效进行。关于师生关系有两种观点：教师中心论和儿童中心论。而笔者认为，教师和学生是相辅相成的，没有谁更重要的分别，课堂上的交流也应该是平等的。太过严厉的教师课堂氛围低沉，学生因为惧怕老师不敢回答、不敢发表自己的见解，因此教师要注意创建和谐民主的课堂氛围，也就是提问环境。提出问题的时候要有生动的表情和鼓励的眼神，多跟学生进行眼神交流，创建轻松的课堂氛围，鼓励学生勇于表达。

6. 教师提问后应及时进行反思

上课后，教师应该及时对课堂提问进行反思，思考这节课我设计的问题合理吗？我有没有达到提问的目的？提问中出现了哪些问题是我以后应该注意的？及时反思有利于教师提高生物课堂有效提问的技巧和策略，使提问变得更加有效。

7. 简明性与科学性相结合

要想有良好的教学效果，教师在提出问题时一定要使题干精简明了，能准确无误地表达出题人的意思，不能有知识性错误，给学生一个明白的问题情境。既要和教学重、难点联系，也要照顾学生的基本情况。也就是说，教师提出的问题要时刻从学生的知识背景出发，要对学生的知识水平、技能水平以及学生思考问题惯用的思维方法进行考量。

8. 主体性与趣味性相结合

有趣是问题吸引学生的前提。教师提的问题最好是紧密结合生活实际，和学生的日常生活息息相关，这样才能吸引学生的眼球，抓住学生的注意力。遇到困难时的青少年学生，极易出现思想上的起伏波动，所以教师在设置课堂环节时，要注意时刻通过语言激励学生努力完成每一步骤，最终解决各个环节出现的问题。通过学生的主体作用的发挥，锻炼每个学生的坚强意志品质，用兴趣引领和保障坚强的意志力，促进学生解决问题的过程，从而保证课堂教学的高质量。

9. 启发性与探究性相结合

老师的引导和启发对学生来讲是很好的指导，这个过程完全可以通过提问问题来实现。问题只有连贯了所有知识之间的连接点，学生才能清晰地、准确地吸收新知识，才能牢牢地掌握新知识。故此我们的教学可以每节课抛出 2～3 个探究性问题，经过学生的讨论后，进行适时点拨，启发思维，进而得到理想的教学效果。

10. 适时性与针对性相结合

高中生物教师的问题串在设计好的同时，也要灵活掌握课堂提问的时机，难易程度要适中，并且要根据被提问学生的情况适时调整，使课堂效果达到最佳。每个学生的基础不一样，这需要我们教师做个有心人，及时统计好班里有哪些同学的状态比较相似，哪些同学的学习习惯可以互补，充分发挥集体的力量，进行有针对性的指导工作，在合作中创造出更大的效益，从而促进每个学生的长足发展。

11. 适度性与渐进性相结合

适度性原则可以从两个方面来理解：①我们的教学要使用课堂提问这种技能，就要把握好提问的频次，还要注意提问的时间掌控。②要把问题的难度把握好，针对每类学生都不能太简单或太难。从浅到深，从易到难，从表及里，这是生物课堂提问设计要遵循的一系列规律，让学生可以在课堂上循序渐进地接受，保证课堂教学有序进行。

12. 互动性与合作性相结合

课堂要充满生机与活力。课堂上即使遇到了难题，也需要冷静面对，积极思考，可积极发动每位同学；搞互动教学，师生互动，生生互动，在互动中合作探究，共同解决难题。学生在以小组合作学习为形式的基础上，不仅增进了同学们之间的情感，而且可以促进同学们取长补短、相互学习。

13. 有效性与灵活性相结合

有效的提问是那些能让教师获得真实的信息反馈的提问。"是不是？""对不对？"这样的问题所给出的答案就不能反映学生学习的真实情况，此类问题往往是无效的，应该避免这种情况的发生。当教师提问的问题过于困难的时候，可以让学生进行充分的讨论交流后再进行总结性回答。当学生的主观设计思路和自己的回答问题的取向不相符合或者答非所问时，不要轻易否定学生的回答，要及时引导到正确的思路上来，在确保不伤害学生自尊心和自信心的同时，更利于提高所提问题的有效性，促进教学质量的提高。

14. 层次性与激励性相结合

分析题、应用题、综合体、评价性问题属于高级认知性问题，其特征在于，这些问题的答案必须是在对已知信息的形式或结构进行重组的基础上通过分析、比较、总结、变式、应用、重组或评价等具体方法，进行高级认知思维得到的，只有这样的问题才能更好地锻炼学生的各项能力。对于创造性的回答，给予赞美；对正确回答出问题的学生，要进行大肆表扬，尤其是那些通过自己艰苦努力取得了哪怕是些许进步的学生；对于胆小怕羞的学生，予以鼓励，使不同水平的同学都对生物学科产生较强烈的兴趣。只有通过不断地提问难题，不断地鼓励学生去大胆地尝试解决，才能使学生对生物学科建立浓厚的兴趣，并能主动地积极地学习高中生物学知识。

（三）高中生物课堂有效师生互动提问的策略

高中生物学科作为一门"副科"，往往得不到学生、家长甚至是学校的重视，教学课时得不到保证。因此，优化师生互动提问是提高教学效率的重要途径。根据研究的结果，结合师生互动相关理论给出一些建议。

1. 教师方面

（1）加强自身专业素养

有效的师生互动提问是建立在教师具有较高素质的基础上的。学生调查问卷反映出学生心目中的生物老师要有扎实的专业基础知识，语言幽默、风趣，讲课生动，平易近人，能够耐心讲解学生遇到的问题，能够联系实际，将生物学知识与生活现象结合起来。世界万物是不断发展的，生物科学界每天都有新的发现，而科技的发展日新月异，电脑、手机等电子产品越来越普及，学生每天能够接触大量的信息，思维越来越活跃，有些学生知道的生物知识，老师可能不清楚甚至不知道。如果学生提出的生物学问题老师回答不出，一次两次还能说得过去，次数多了，教师在学生心中的形象会大打折扣，也会打击学生回答问题、提出问题的主动性，有效的师生互动提问就无从谈起。因此，教师应该每天保持学习，使自己具有扎实的专业知识，这样才能在学生提出创造性的问题时，更好地传道、授业、解惑。

随着新课程改革的不断推进，各个学科知识的交叉越来越频繁，语文、数学、英语、物理、化学……，生物几乎可以和所有学科进行交叉渗透，因此对教师的要求越来越高，如果教师不会读热力学中的K，不认识课本中的英文单词……这也会影响师生间的互动，是不可取的。这就要求教师在掌握生物专业基础知识、了解生物科学动态热点的同时，了解、掌握其他学科的相关知识。

（2）问题的预设与生成

①精心预设问题。邓庆民认为，"一个优质的问题具有目的性、聚焦课程内容、认知水平合适和陈述清晰四个特征。"提出的问题的好坏直接影像课堂提问的效果，因此教师应在课前对问题精心设计。要保证问题的有效性，教师必须贯彻新课改的精神，努力钻研新课标，钻研教材以及钻研学生。只有"吃透"课程标准，"吃透"了教材，了解了学生，才有可能设计出贴近学生、贴近生活的有效问题。预设问题时应具有以下几点。

一是目的明确。教师在设计问题时要注意问题的目的性，提出的问题不能模棱两可，也不能随心所欲地提问，要牢记提问是为教学目标、教学内容服务的。关于课堂提问的目的，前文提到过，主要包括检查学生学习，获得反馈；提高学生注意力；导入新课；培养学生的质疑能力、创造性思维能力、语言组织能力等。

二是清晰连贯。要实现与学生的有效互动，所提问题必须清晰连贯。要让学生明白题目的含义，如果学生连问题要问什么都搞不清，回答的效果可想而知。要是问题表述清晰连贯，要求教师预设问题时不仅要考虑到教学目标、教学内容，还要考虑到学情——学生能否理解接受。同时教师的语言也会影响问题的清晰连贯性，因此教师还要注意语言艺术。

三是难易适度。高中阶段，学生一般处于青年期，身体和心理开始走向成熟期，具有一定的抽象思维、逻辑思维、创新思维。但与已成年的老师相比，仍有一定的差距，在老师看来一道很简单的问题，对学生来说可能就很难。因此，教师应充分了解学生的知识水平、认知水平，设计难易相当的问题，做到因人而异，因材施教。问题过难，学生解决不了，学生的信心会受到打击；问题过易，学生不用思考就能回答出，长此以往，学生的思维得不到开发，容易形成懒惰心理。

四是具有开放性、挑战性、启发性。开放性、挑战性和启发性是问题的思维价值所在。开放式问题能够发散学生思维，将学生的积极性充分调动起来。当然，开放式回答并不意味着学生可以天马行空，想怎么答就怎么答，教师应当根据教学内容、教学目标在一定范围内设计问题，教师是主导者，应引导学生回答。挑战性问题，教师在教学内容上基于教材而又超越教材，依据教学目标设计出有价值有难度的问题。有难度并不是越难越好，这个难度应该是学生跳起来能够够得到的。具有启发性，主要指落在最近发展区的问题，既能引起学生兴趣，激发其探求生物学知识的欲望，又能引领学生主动介入思维活动中。

在日常生活中，学生的知识水平、认知水平有限，其中有些是正确的，有些是错的。教师可通过观察了解学生，针对其中错误的东西来预设启发性问题，从而激发学生的求知欲望。

例如，在讲植物生长素时，教师提出以下问题："将一植物长时间放在窗台，它会向室外倾斜生长，为什么？如果用黑纸遮住植物，还能看到上述现象吗？将尖端去掉会怎样？根还能生长吗？怎样证明是尖端产生了某种物质？生活中遇到过或者知道哪些类似现象？"教师通过一系列问题，一步步启发学生发现引起植物向光性的原因是因为尖端产生了生长素。

五是问题具有层次性。教师提出的问题不能是简单的知识点罗列，而应该由浅入深、由低认知水平到高认知水平，根据教学需要也可以反过来。

例如，在讲肺炎双球菌的转化实验时，教师问：①加热后，S型菌被杀死，怎样"起死回生的"？②R型菌是否全被转化为了S型菌？③进入R型菌的是什么物质？④进入R型菌后怎样存在？⑤转化后是否都能变成S型菌？

六是将问题生活化。在生活中存在大量的生物学现象，教师联系生活实际提出问题，不仅能激发学生的学习兴趣，大大提高学生回答问题的热情，还能提高学生的观察能力，使学生能够用所学知识解释生活中的各种生物学现象，提高迁移能力。例如，教师在讲细胞器中的液泡时，提出："为什么牵牛花的颜色在一天中各个时间段的颜色不一样？"在讲细胞的结构和功能时，提问"为什么落叶总是背面向上？"

②捕捉生成资源。生成资源指在课堂上，师生、生生之间交往、互动过程中即时产生的，教师预想之外的教学资源。教师要善于利用课堂上的生成资源（比如老师或学生的错误、对问题的不同意见，天气变化等）提出问题，激发学生思维，调动学生的积极性，使师生之间进行有效互动，从而实现教学目标。

比如，在讲"生长素的生理作用"这一节时，教师在讲完生长素的两重性后，在PPT上展示了很多生长素生理作用的应用图片，比如果树摘心、观赏植物的修剪等有趣的图片。

很多同学很好奇，一直问为什么这样做。这时如果教师能够抓住这一生成资源，让学生相互讨论，利用刚刚学过的知识解决自己提出的问题，那么这节课的教学效果将事半功倍。可惜的是该教师只是不断地翻着PPT，将书上的知识点再讲了一遍，而学生仍然困惑着。

③预设与生成的关系。生成是相对于预设而言的，预设与生成是对立统一的。就对立而言，课堂教学是有目的、有计划的活动，在教学过程中要提的问题需要精心设计。但如果每一环节该提什么问题全部预先设计好，完全按部就

班，无视师生互动过程中产生的问题，会失去一个个教育学生的良好契机，教学也容易走向封闭；但如果过度重视课堂生成而忽视了课前的问题预设，则会影响教学目标和教学任务的实现。就统一而言，预设与生成相辅相成，相互依存。预设是生成的基础，生成是对预设的拓展。从实践的角度来看，预设是为了更好地生成，而生成是对预设的丰富与拓展。理想的关系是预设中有生成，生成中体现着预设。

因此，教师在课前要精心预设问题，同时考虑在教学过程中从哪些方面可以开发利用生成资源，比如师生对话、学生提问、学生的错误等；同时，教师要抓住与学生互动过程中的生成资源，利用好这一教育学生的良好契机，这要求教师要具备一定的教学智慧。

（3）提问策略

①选择恰当的时机提问。在课堂教学中，教师提问要照顾到所有学生，鼓励他们回答问题，使每个学生都参与到课堂互动中来。有的老师认为只要提问就能调动学生的积极性，达到师生互动的目的，因此一节课下来不停地问，学生疲于应付，思维没有动起来，达不到提问的目的。因此，选择合适的时机，提高问题的质量尤为重要。例如，在学生们都很兴奋，积极性被充分调动起来时提出问题；教师在讲授知识时观察学生的面部表情和行为，若在讲解某内容时，学生一脸迷惘，想举手又不敢，欲言又止，说明学生这里有不懂的地方，可适当进行提问。

②提问公平性。在实际课堂教学中，教师往往会根据自身特点、个人喜恶等原因而经常提问某些特定学生群，而很少提问甚至不提问其他学生。比如，经常提问成绩好的学生或者性格很活泼的学生，而忽视了那些成绩差或者性格内向的学生。这没有体现教学的公平性，忽视了学生的主体性，是不可取的。

教师应尽可能地保证公平性。生物课程的基本理念之一是面向全体学生，每个学生都应该得到发展。

③提问等待。心理学研究表明，短时记忆只能显示一个简短的相关信息，要想保持长期记忆，需要重复信息，然后通过语义和图像等编码。如果教师不停地讲，不停地问，学生短时间接受了大量信息，却没有时间处理，很容易发生思维短路，导致提问效果大打折扣。

提问等待包括提问前等待和提问后等待。提问前留一点等待时间，比如"来，同学们仔细考虑一下这样一个问题……（停顿）"能够吸引学生的注意力，使学生进入思考的轨道上来。这多用在问题较难的情况。提问后等待指教师提出问题后，给学生思考时间，"通常学生在课堂教学期间的短暂沉默，是学生思考的契机，教师应抓住这一机会，不能因说话而妨碍学生思考。"不少研究发现，理想的候答时间是3～5秒，学生就能对获得的信息进行处理，从而思考充分。

苏霍姆林斯基在《给教师的建议》中告诉我们，"让学生体验成功，能给学生带来巨大的情绪力量，增强学生学习的欲望。"当学生经过积极努力的思考，解决了老师提出的问题，会有一种成就感，这有利于增强学生的自信心。当然，等待时间的长短教师可以自己把握，一般问题难等待时间就长点，问题简单就短点。在师生相互交往、相互磨合，师生相互了解后，教师可以适当缩短等待时间。

（4）教态

教师在提问时，应该声音洪亮、语言清晰，对问题的表述要科学简明。让每个学生都能听见、听懂。避免学生因听不懂或听不见而放弃思考，或者让老师重复，浪费时间。调查表明，学生喜欢幽默风趣的老师，教师应在平时多读书，扩大自己的知识量，用丰富的科学文化知识武装自己。

紧张压抑的课堂气氛会阻碍学生思维的展开，影响学生的发挥，甚至使师生关系变得紧张，不利于师生互动的展开。因此，教师提问时态度要自然，当学生思维受阻，回答不流畅的时候，要用鼓励、赞扬的目光看着他；当学生回答得很精彩的时候，用赞许的目光看着他。这样能够使学生放松，促进学生思维，提高互动的效率。

（5）恰当的理答

当学生回答问题之后，教师作出反应，学生从教师那里获得反馈信息，这是一个师生互动的过程。陈秋吟认为理答是师生课堂教学对话，是一种及时评价，并将理答形式分为积极反应、消极反应、探问和转问、再组织四种。教师对学生反馈时，应多采用鼓励性话语对学生进行适当引导，而不是批评或不予理会。

2. 学生方面

（1）培养学生的问题意识

生物学科素有理科中的"文科"之称，加上受学科地位、条件等因素限制，现阶段高中生物课堂上老师讲、老师问，学生答、学生记、学生背的现象还很普遍。古人云："学贵有疑，小疑则小进，大疑则大进。"生物学科是一门自然学科，它与人们的生活实际息息相关。生物学科以探究为中心，而探究发端于问题。新课改也要求培养学生发现问题、提出问题以及解决问题的能力。学生只有具备提问意识，拥有提问能力，才能不断发现问题、解决问题。此外，培养学生的质疑能力和问题意识，对其创新能力的提高有重要作用，而且可以激发学生探究生物学知识的欲望，丰富知识的同时锻炼思维能力和语言能力。要培养学生的质疑能力、问题意识，教师可以从以下两方面着手。

①鼓励学生提问。有研究指出，在课堂提问的积极性上呈现出年级越高，学生提问的积极性越低的趋势。要培养学生的提问意识、提问能力，教师首先要鼓励学生敢于提问，教师要尽可能地给学生提问提供机会。学生在课堂上不向老师提问的原因有很多，比如不敢提问，怕打扰老师计划受到批评，怕提出的问题不好受到同学们嘲笑等。

因此，教师应该创造一种民主、和谐的课堂气氛，积极反馈学生的问题，引导学生参与到课堂互动中来。一种比较好的方法就是鼓励学生在课前预习老师要讲的内容，将不懂的、想问的东西以问题的形式列出来，在课上结合老师的讲解提出自己的疑问，也可以课后询问老师或同学。在听常态课时发现，任课老师最后一般都会留一点时间，学生有哪些不懂的可以询问老师。经常见到下课后学生将老师团团围住听老师答疑解惑。

②培养学生提问能力。学生有了问题意识后还应该具有将问题提出的能力。教师鼓励学生提问，并不是说学生提出的问题越多越好，也不是让学生逢疑就问，那些通过查查手头资料或者问问同学就能解决的问题，就不必在课堂上提出来。那些经深思熟虑仍不能解决的问题，可以通过师生互动来解决。同时，教师应避免学生为提问而提问，提出的问题应与课堂上所学内容相关，为思考而提问。

（2）培养学生学习兴趣

生物学科存在着大量的生物学概念、抽象的生物学过程，而随着生物学的发展，越来越多的内容被引入中学课本。虽然生物学科被称作"理科中的文科"，但一味地死记硬背的话，学生很快会对生物感到厌烦，因此培养学生的生物学学习兴趣是必要的。教师应设计新颖、有趣的问题，比如将问题生活化、故事化等，来激发学生的兴趣。在课堂教学中，教师也应注意加强学生与学生的互动，比如小组讨论、角色扮演等。

3. 课堂环境方面

营造积极的课堂气氛。课堂气氛是课堂教学的重要组成部分，课堂气氛的好坏直接影响着教学效果。从课堂观察和教师访谈中发现，课堂气氛对师生互动提问有重要影响，积极、和谐的气氛会使师生配合默契，互动提问就多；而紧张、压抑的气氛则会阻碍师生交往，从而影响教学效果。学生是学习的中心，因此营造积极的课堂气氛应该围绕着学生展开。而师生关系是影响课堂气氛的最重要的因素，现代新型师生关系要求师生之间在教学上是授受关系；在人格上是平等关系；而在社会道德上是相互促进关系。因此，教师应营造一种民主、和谐的课堂气氛，让学生不再用担心教师的批评、同学的嘲笑，可以敞开心扉，积极思考，大胆地发表自己的见解，从而与教师积极互动，共同参与到课堂教学中来。

第四章 高中生物高效课堂教学模式的构建

随着新课程改革进程的逐渐深入和进一步发展，对高中生物教学提出了更高的要求。要想使得当前高中生物教学满足新时期课程改革的教学目标和教学要求。相关教学工作者就必须要构建高效的教学课堂，通过更新教学理念，转变教学方式方法，利用有效的方式构建高效课堂，促进高中生物教学效果的提升，提高教学质量。本章分为高中生物教学模式的分类、高中生物教学模式的功能、高中生物高效课堂教学模式构建实例三部分，主要内容包括生物学教学模式的分类、5种高中生物学教学模式的分析、高中生物学教学模式的选择等方面。

第一节 高中生物教学模式的分类

一、生物学教学模式的分类

在国内有关中学生物教学的研究领域，《中学生物教学》《中学生物学》《生物学教学》《生物学通报》这四种期刊多涉及一线生物教师的教学实践成果。而且在许多优秀硕士论文中，有关生物教学的研究也进行了一定的教学实践。通过这些期刊和硕士论文，便可以了解到国内教学一线中学生物教学模式的应用情况。因此，通过中国知网，在这些期刊以及数据库中以"生物"并含"教学模式"为篇名搜索 2000 年以来的相关研究，得到如下结果。

通过对以上 300 多篇的研究进行整理，可以发现生物学教学模式五花八门，令人应接不暇。

为了能够更清晰地理解它们，对其进行分类是非常必要的。每一种教学模式的分类方法都代表了人们看待它的不同视角，通过不同的分类有助于人们更全面地认识它。《生物学教育心理学》一书以课堂组织形式为依据，将生物教学模式分为了注重传授系统知识的讲解与启发模式；注重培养自学能力的自学与辅导模式；注重借助问题情境让学生通过自行探究与发现而形成科学概念的探究与发现模式；注重掌握生物学基本技能与方法的活动与训练模式等。而本书则尝试从另外三种不同的视角对中国知网上所呈现的生物学教学模式进行分类。

（一）依据名称的特点分类

经过整理，可以发现生物学教学模式在名称上具有一定的特点，因而可以依据其名称上的特点进行如下分类。

从名称上看，含有英文字母缩写的生物学教学模式是由国外引进的，含有数字的生物学教学模式概括了课堂教学的结构，含有分隔符的生物学教学模式突出的是具体教学环节，而不含以上特殊字符的生物学教学模式体现了教学模式的典型特征。尽管该分类方法仅仅是从名称上进行分类，但也能在一定程度上让原本杂乱无章的生物学教学模式变得一目了然。

（二）依据应用的范围分类

经进一步梳理发现：有一些教学模式可以在大部分学科中使用。比如"学案导学"教学模式，它为学生提供了纸质的"学案"，而学生需要借助"学案"做足课前准备，从而将自己的疑问带到课堂上与同学们一起解决。山东省的杜郎口中学以及江苏省的东庐中学等学校就规定他们的教师在课堂上都采用这一种教学模式，从而使其在大部分学科中得以应用。

另有一些可以在部分学科中使用。比如"历史—归纳"教学模式可以用于科学学科，它包括话题引入、重演历史、观念形成以及拓展应用四个环节，可以培养学生广阔的历史视野。

因此，依据应用的范围可以将生物学教学模式分为三类，分别是适用于大部分学科、部分学科和生物学科的生物学教学模式。

结合以上分类结果可知，从中国知网上收集到的生物学教学模式主要属于前两种类型，而且它们大部分是从其他教学模式那儿迁移过来的。这在某种程度上反映了生物学教学模式研究的滞后，同时也揭示了生物学教学模式名目繁多的原因。

（三）依据生物学核心素养分类

最新修订的高中课标将生物学科核心素养分为生命观念、理性思维、科学探究和社会责任，为本研究提供了一种新的分类视角。

依据不同的生物学核心素养，可将生物学教学模式分为四类，分别是侧重于培养生命观念、侧重于培养理性思维、侧重于培养科学探究以及侧重于培养社会责任的生物学教学模式。

根据该分类研究可以发现，实际上每一种模式在培养目标方面都有所侧重，但并不代表一种生物学教学模式就只能培养一种生物学核心素养。

从以上三种角度尝试对生物学教学模式进行分类，不仅可以让其变得一目了然，还可以为下一阶段对其进行分析研究打下基础。

二、5 种高中生物学教学模式的分析

综合以上对生物学教学模式的分类研究发现从中国知网上收集到的生物学教学模式大部分还不够成熟，仅处于应用初探阶段；还有一部分教学模式虽然名称上不同，实际上非常类似。

因此，本研究仅选取通过在深圳实习统计的 5 种高中课堂上常见的生物学教学模式作为分析对象，以现代教育理论为依据，从"是否利于学生建构知识体系""是否利于学生主动学习""是否利于学生互动""是否突出学生的主体地位""是否利于进行有意义的学习""是否利于建立良好的师生关系"六个方面对其进行案例分析，进而从"学生学习方式"的角度剖析出该 5 种教学模式的本质。

（一）HPS 生物学教学模式

1.HPS 教学模式简介

HPS（History Philosophy and Sociology of Science）教学模式是以建构主义理论作为指导思想，将历史、哲学以及社会学中与科学有关的内容融入教学中，以帮助学生理解科学本质进而形成科学素养的一种教学模式。包括以下 5 个教学环节。

（1）提出问题。教师通过精心设计的导入，让学生尝试对某个自然现象产生疑问，从而引出本节课需要解决的问题。

（2）引出观点。由于学生会对自然现象产生好奇，教师即可顺水推舟，让学生结合已有的经验大胆提出各自的观点。

（3）学习历史。学生需要借助科学史对某个问题进行的学习，在弄清该问题的同时，体会到科学家在科学过程中的智慧与艰苦。

（4）形成科学观念。该环节学生通过实验来检验自己提出的观点，经过教师的引导，他们最终会将旧有的观念转化成科学观念。

（5）总结与评价。在教师的引导下，学生尝试对本节课所学到的内容进行小结，进而重新体会科学探究的本质以及过程。

2.HPS教学模式的本质分析

本节课教师借助视频演示的手段让学生观察视频中变形虫的运动，教师并没有直接提出需要学生研究的具体问题，而是让学生把自己想象成生物学家后，尝试像生物学家一样进行思考，并从生物学家的角度提出问题。教师将学生的问题进行板书，让作为生物学家的学生们尝试着解释，即作出假设。由于问题是学生自己提出的，假设也是学生自己作出的，教师在此过程中仅仅起到引导作用，并没有左右学生的思维。而学生在这个过程中，从不同的角度进行思考，提出了多种问题，针对一种问题甚至作出了多种的假设，充分体现了以学生为主体的教学理念。

对于学习历史环节，教师并没有止步于课堂上谈及科学家或其研究工作的逸闻趣事，而是去寻找相关科学史的前因后果并合理组织，充分挖掘出科学史背后的巨大价值，从而让学生的学习变得更有意义。

具体来说，学生在阅读有关欧文顿的历史资料时，教师让学生先谈关于这段历史的感受。学生注意到欧文顿是做了上万次实验才发现这个规律的，在一定程度上也感受到科学工作的艰辛以及欧文顿顽强的意志。教师就科学态度方面也进行了引导，如提问学生在理论推理得出结论后是否有必要对细胞膜成分进行实验鉴定。学生通过思考这个问题，体会到科学工作还需要严谨的科学态度，经过推理得到的结论还需要经过实验检验才行（后面呈现的历史资料2也直接体现了这一点）。在处理历史资料3时，教师给学生提供了磷脂分子的化学性质作为补充资料，让学生利用作图以及模型来模拟磷脂分子的排布方式。学生这时就要像科学家那样进行动脑和动手，依据已有条件作出推理。在呈现科学家对蛋白质在细胞膜上分布的探究历史前，教师引导先学生提出自己的观点，再通过历史资料4和历史资料5一步一步纠正他们的错误观点。

另外，教师针对历史资料4和历史资料5中的科学技术也对学生进行了引导，学生发现如果没有电子显微镜，罗伯特森是不可能观察到细胞膜清晰的三层结构；如果没有冰冻蚀刻技术的巧妙运用，科学家也不可能真正了解蛋白质的分布情况。经过这样的过程，学生就能从中体会到科技发展对于科学发现的重大影响。历史资料6中的科学家福润和艾地德首先将荧光标记与细胞融合两种技术相互结合以研究细胞膜上的蛋白质，这能让学生体验到科学的发现还需要方法上的不断创新。

在学生学完相关的科学历史后，教师给了他们一次动手建立细胞膜结构模型的机会。而这次建模他们只能依据科学史提供的信息来完成，需要他们主动建构完整的知识体系。在最后的总结环节，教师鼓励学生结合生物膜流动镶嵌模型的探究过程在课堂上表达个人体会，进而加深他们对于本节内容学习的印象。整节课下来，教和学的氛围是比较积极向上的，能为形成良好的师生关系打下基础。

综合以上的案例分析，在整个教学的过程中，教师接连抛出的问题总是让学生先自行思考并提出自己的观点；随后教师才开始借用科学史来引导学生了解过去科学家对于该问题的观点；最终要想深入理解相关概念还需要学生亲自动手与总结。HPS 教学模式的目的除了帮助学生掌握相关科学观念外，同样重要的是让学生了解科学家的思维方式以及科学内涵中所包含的人性。

（二）"学案导学"生物学教学模式

1. "学案导学"教学模式简介

"学案导学"教学模式是指学生在课前借助"学案"自觉独立地完成预习，课上再与同学和老师共同解决问题的一种教学模式。以山东省平邑县一中、杜郎口中学，江苏东庐中学以及洋思中学为代表的课改名校便是基于"学案"来构建教学模式的，甚至掀起了一股课改热潮。它包括以下四个环节。

（1）预习自学

课前几天学生需要先独立学习教师分发的"学案"将一些自己认真思考过后仍然无法解决的问题记录下，再拿到课上和同学一起解决。

（2）合作探究

该环节在课上进行，学生可以通过小组合作的形式突破课前未能解决的问题以及教师新提出的难题。

（3）交流展示

此环节给了学生展示学习成果的机会，学生可以通过板书、PPT 演示、投影仪展示等形式将小组合作学习后的结果进行分享。

（4）小结检测

各个小组需要反思与总结整节课所学的内容，并完成相应的测试题以便教师把握学生的学习情况。

2. "学案导学"教学模式的本质分析

在教师的要求下，学生课前得先尝试独立完成"学案"中的预习部分，并将疑问记录下来。经过课前预习，学生在课上就能够积极表达自己课前对于"澳大利亚野兔数量飞快增长的原因以及控制办法"的思考。此时教师并没有立刻对学生的观点进行评价，而是直接引出"学案"中细菌分裂繁殖的问题，让他们尝试使用数学方法进行探究。在给予学生充分时间进行思考与讨论的基础上，各个小组的发言者通过投影仪展示他们小组合作探究的结果并交换意见，从而对该问题形成较为统一的认识。在学生对构建数学模型的一般过程就有了感性认识之后，再由他们尝试总结构建数学模型的一般方法以便对其形成理性认识。由于"S"型增长曲线的特点和环境容纳量的概念不易理解，教师结合捕鱼、捕鼠最佳时期的问题启发学生进行积极思考。随后的检测更是进一步考验学生对于新学知识的应用。在教学的过程中，教师始终是通过适当的引导来让学生对某一问题展开讨论，很少直接讲解把答案告诉学生，在一定程度上也有利于学生进行有意义的学习。由于课前学生尝试对相关问题进行了独立性的思考，因此他们是带着问题进入课堂的，进而他们与同伴进行的讨论交流也会更有效率，同时也体现了他们之间的社会互动。

该教学模式似乎较为符合课改所提倡的一些理念，但一经剖析，便可以发现其中一些突出的问题。首先，学习"书本上"的知识依旧是学生的主要任务，只不过课上学变成了课前学，因此学生的主体地位不能很好地得到体现。其次，"学案"上的具体问题是教师提前为学生设置好的，学生的探究被限制于其中。尽管学生在课前进行了自学，在课上也进行了探究，但是他们的自主意识与探究意识并没有得到发展。因此，他们并不是真正地主动学习。

另外，"学案"上的习题大多是教师精心准备的考试题，甚至本该起到"导学"作用的引导性问题，学生也能在教辅书籍上找到答案。这就导致课堂氛围看上去比较活跃，而实际上学生的思维却是停滞的，并不利于学生建构知识体系以及形成良好的师生关系。

（三）"5E"生物学教学模式

1. "5E"教学模式简介

"5E"教学模式是以建构主义学习理论为依据，教师通过学生对问题情境的反应来了解其先前概念，再经过探究的方式帮助学生建成新概念的教学模式。"5E"教学模式包括以下5个教学环节。

（1）引入（engage）

恰当的引入可以在较大的程度上引发学生后续的探究兴趣，是保证学生持续探究的动力，教师需要对其进行精心的设计。

（2）探究（explore）

该环节教师不仅要引导学生基于假设设计探究方案，还需要为学生提供动手实验的时间和器材。

（3）解释（elaborate）

探究结束后，学生需要分析各自的探究结果，并运用语言表述自己对某个概念的认识，以便教师能够及时进行纠正。

（4）精化（explain）

学生在应用新学概念的过程中，教师还应要求他们多使用专业术语，从而巩固对新概念的理解，并与其他已有的概念建立联系。

（5）评价（evaluate）

教师可以通过提问、小组讨论、自评、互评、纸笔测验等多种形式评价学生对新知识的理解及应用情况，从而进行查缺补漏。

2. "5 E" 教学模式的本质分析

本节课一开始教师出示了自己制作的渗透作用装置，并结合 PPT 的演示介绍这个装置的结构。随后教师演示课本 60 页的实验，学生则仔细观察。有学生观察到，漏斗管的液面升高现象是在教师往漏斗管内加了某种液体之后出现的。教师通过现场演示不但激发了学生的探究兴趣，而且演示过程也能够直观地给学生以探究的启发。学生从教师的演示步骤中发现了可能影响漏斗管液面升高的因素，并提出了自己的猜想。此时，教师并没有直接评价他们的猜想，而且让他们自行设计实验方案以证明自己的猜想。学生通过几分钟的思考，提出了证明猜想的方案，教师按照他们的方案再次进行演示实验，最终学生就明确了引起这种现象的两个必要条件，即半透膜和浓度差。教师进而引导学生寻找其中的规律，他们得出在这两种条件都满足的情况下，溶液浓度高的一侧液体体积会增加，而溶液浓度低的一侧液体体积会减少。结合半透膜的性质，学生又发现产生该现象的根本原因是由于两侧水分子的扩散，教师进而引出渗透作用的概念。

在精化阶段，教师将渗透作用的概念迁移到了植物层面，创设了一个新的情境让学生进行探究。由于已经对渗透作用有了一定了解，学生也尝试用渗透作用的概念对两种不同条件下胡萝卜所呈现出的不同状态进行解释，但大部分学生停留在植物器官层次。教师启发学生从生物学结构层次的角度进行分析，把植物细胞类比为渗透装置，在细胞层次上重新对胡萝卜出现的不同状态进行解释。学生在教师的启发下，便能抓住问题的关键所在。随后，教师再次启发学生不能停留在推理层面，科学推理还需要经得起科学检验。

　　教师给学生准备了不同的实验材料以及需要用到的实验仪器，把探究主动权还给学生，让他们根据提供的器材自行设计实验证明植物细胞能否发生渗透作用的。教师给学生提供了充足的时间进行小组讨论，并要求他们拿出最为理想的实验设计方案，这也有利于学生进行互动。在教师与其他小组的帮助下，每个小组的实验方案都得到了改进。学生在实验操作阶段，各小组协调分工，较好地展示出自己的主体性，而教师及时跟进了各个小组的实验进度并给予正确指导。由于有充足的动手机会，学生的学习将变得更有意义。但由于探究所占用的时间较多，他们便很难在短时间内将新旧知识联系起来。探究实验结束后，各小组把他们所画的不同条件下植物细胞的结构简图进行投影展示，并对其探究结果进行分析说明。有的小组实验不理想，有的小组实验现象很明显，小组间需要交流分析其原因，教师也需要适时进行指导。在探究结果分析完后，教师提出质壁分离和复原的概念，让学生先尝试进行定义，再最终给出规范的定义。为了巩固学生对于渗透作用的理解，教师又让学生考虑动物细胞的情况。先由学生进行猜想，教师再展示出电镜下红细胞的三种状态，进而证明他们的猜想。最后，教师通过习题的形式检查学生对于本节内容的掌握情况，并让他们将已学的知识应用于具体的题目中去。整节课下来，教和学的氛围是愉快而积极的，能使得学生与教师的关系更近一步。

　　综合以上的案例分析，可以发现学生不但要先自己尝试对问题进行探讨，而且还要自行设计相关方案去解决问题。当形成初步的认识后，学生还得将其运用到新的问题情境中，最终形成明确的认识。该模式中的一系列活动都是围绕学生而进行的，教师始终扮演着促进学生学习的角色，并不会直接就将结果或者解决方法告诉他们。

（四）"讲授－启发式"生物学教学模式

1."讲授－启发式"教学模式的简介

　　"讲授－启发式"教学模式是以有意义学习理论为依据，教师通过讲解启发学生积极思考并获得系统知识的教学模式。它包括以下五个基本环节。

（1）复习旧知识

在教师的引导下，学生便可以快速回忆起几天前所学的内容，从而为本节课的学习做好准备。由于中学一般一周只有两节生物课，间隔较长，因此复习旧知识这一环节就显得尤为重要。

（2）导入新课

教师进行导入的方式有很多种，包括播放视频、实验演示、讲故事等。如果导入恰当，那么后续的教学将变得容易展开；如果导入不当，课堂的宝贵时间将白白浪费。

（3）讲授新知识

教师在讲授新知识之前，要精心组织教材内容，把握好教学的重、难点，从而让讲解更具条理，以便学生理解。另外，教师还需要适时启发学生，利用好现代教育手段，让学生的思维处于活跃状态，进而帮助学生对学习困难加以克服。

（4）巩固新知识

对新知识进行巩固，既加深了学生对新获知识的印象，又让他们学会运用新知识来对相关问题加以解决。

（5）布置作业

教师一般通过口头或者板书的形式布置课后作业，主要是为了让学生对已学的知识进行运用，以加深对其的理解。

2.“讲授－启发式”教学模式的本质分析

通过复习，学生不但对上一节课的内容有所巩固，还能为本节课的内容学习做好认知准备。导入阶段，教师以《喜羊羊与灰太狼》的音乐作为背景，向学生描述了青青草原上所发生的故事，让学生尝试解决问题情境中的“黑羊羊”的疑惑。结合已有的经验，学生们提出了一些可行的方案，包括“克隆”“转基因”等。教师分别对这些方案进行了点评，并借助“克隆”的方案引出了有关细胞核的教学。关于细胞核的功能的学习，教师先让学生阅读课本52页的资料分析，进而思考PPT上的5个问题。学生以解决PPT上的问题为目标，开始翻阅书本寻找答案。因为在阅读的过程中学生往往忽略科学方法的学习，教师便展开对4个资料的讲解。

在资料1的处理上：教师首先对美西螺的一些特征进行了简单介绍，又结合科学家的研究补充了对照实验的方法。对于资料2的讲解：教师首先给出蝾螈的图片并对其简单介绍，再简述科学家的实验步骤，并说明科学家这样操作的原因，从而让学生对该实验有更深的了解。有关资料3的讲解：教师首先通过一段视频介绍了变形虫的特征，再对科学家的操作步骤进行解析，引导学生理解科学家进行这样操作的原因。而资料4的讲解，教师先利用PPT介绍伞藻的有关结构，再在黑板上结合自制教具演示了科学家的实验过程，让学生对该实验过程有更加直观的认识。当教师讲解完4个资料后，将4个资料进行了整合。学生先结合资料1和资料4得出结论，再结合资料2和资料3得出结论，最终在教师的引导下总结出细胞核的功能。对于细胞核结构的讲解，教师用了板画技能，由外到内一一进行讲解，最后还通过表格的形式让学生比较染色质与染色体的区别。在学完本节课的所有内容之后，教师要求学生完成了相应的课后练习题，并及时进行了讲评。最后，教师不忘让学生记录下今天的课后作业。可以说，整个教学过程没有什么瑕疵，该讲的内容教师都讲到，而且也讲到位了。

综合以上的分析不难发现，"讲授－启发式"教学模式中的教师从复习旧知识到最后的布置作业环节就一直处于主导的地位，学生仿佛只有听到教师下达的指令后才会学习。因此，学生处于消极的学习状态，其主体性无法展现。虽然教师也精心制作了PPT和教具，但是这些教学手段也仅仅是方便教师对学生进行知识灌输；尽管教师设置了一系列的问题串试图启发学生，可这些问题已经有了固定答案，有的答案甚至在书本上便能轻易找到，这样学生进行的便不是有意义的学习。也许学生课后作业能完成得不错，但是学生真正记住的就只有这些知识点；也许教师的言语以及人格魅力可以吸引学生，但学生的能力并没有获得多少提升。采用这样的教学模式，教师可以花费最少的备课时间、实施最简单的教学过程，实现知识传递的最大化。虽然学生能较快地形成系统的知识，但整节课学生之间的互动比较少；而课堂气氛也较为压抑，学生与教师的内心很难相互贴近。

（五）"活动参与式"生物学教学模式

1."活动参与式"教学模式的简介

"活动参与式"教学模式是以杜威的实用主义教学理论为指导，学生通过参与多种形式的活动（包括辩论会、讲座、游戏、电视节目等形式），并从中提升能力以及发展情感的教学模式。该教学模式包括以下三个环节。

（1）活动准备

本环节是决定本节课能否成功进行的关键，教师需要提前给学生说明清楚采取这种活动形式的目的以及意义，进而调动学生参与的积极性。对于一个主题，学生需要分工与合作，从不同的角度收集资料以及分析思考，最终通过某种形式进行展示。为了让活动最终能够顺利进行，教师不仅需要及时给学生反馈意见，而且还需要组织他们进行适当的演练。

（2）活动实施

该阶段，教师要通过现场观察及时将学生的表现情况记录下来，以便在总结的时候可以有针对地提出建议。如果出现一些突发情况，还需要教师利用经验与智慧进行妥善处理。该环节不仅是展现自我的舞台，也是相互学习的平台。

（3）活动总结

该环节是对于前两个环节的总结，学生需要总结的不仅是从该活动中学到的知识，而且还要从细节方面反思自己的收获。而教师则需要从整节课的方方面面进行反思，为优化这样的课堂积累经验。下面本人通过《保护我们共同的家园》一课的教学案例分析"活动参与式"教学模式的本质。

2."活动参与式"教学模式的本质分析

在本节课的活动准备阶段，教师把本节课的主题、形式安排以及评比规则告知学生，并说清楚这样安排的目的和意义。学生通过写邀请函的形式，邀请到了年级乃至学校的领导们作为评委参加，从而增加了课堂的分量并保证了评判的公正性。

另外，教师按照"组间同质，组内异质"的原则将学生进行分组，并说清这样分组的科学性、公平性以及其他意义。每个小组围绕"保护我们共同的家园"的活动主题，从不同层面的不同角度开始收集与整理资料并提出各自的观点。在学生积极准备的过程中，教师也不忘及时了解各小组的准备情况，并给予他们一定的指导与建议。各小组在准备中可以充分发挥各小组成员的优势，只有每个学生都主动去学习，才能实现整体大于部分之和的效果。由于本节课的案例采取的是电视演播的形式，因此教师还让各个小组扮演重要角色的成员进行联合演练，并从整体效果上对其进行点评。在点评过程中，每位学生都有充分的话语权，能够有针对性地提出各自建议。通过不断地进行改进，才能确保上课当天的活动能够顺利进行下去，并能有一个比较理想的效果。该阶段，学生之间以及师生之间有较多机会进行交流。

在活动进行阶段，扮演主持人的学生，表现出一个主持人该有的言语和姿态，并用其饱满的激情调动着课堂的氛围；扮演专家的学生，模仿专家的口吻，从专业的角度分析了保护环境刻不容缓的原因；扮演观众的学生，认真听讲与记录，展现出观众所具备的极高素质；扮演记者的学生，提出了许多有针对性的问题……在这样的活动中，他们进行的学习是有意义的。由于学生是有备而来，大多数学生在台上的表现还是可圈可点的，但是也有少部分学生显得特别紧张。从这样的活动中，教师可以看到不同学生学业成绩以外的一面，有助于日后有针对性地进行个别指导。

正如加德纳多元智能理论提出的那样，学生个体之间是存在差异的，有些学生在某些方面很强，而在另一些方面却不是那么擅长。通过这样的活动，教师对学生便可以有更全面的理解，既能看到学生的特长，也能看到学生的短板，进而就可以将学生的潜力挖掘出来。在这节课上，每一个学生都有事可做，甚至那些扮演着不是特别重要角色的学生都需要边参与、边记录，观察自己小组和其他小组发言者的举止谈吐以及是否出现科学性错误，为后面的活动总结阶段做好准备。教师在活动过程阶段也不是无事可做，在时刻留意课堂的突发情况的同时，还记录下了学生以及整个班级的活动情况，以便之后进行反思。

活动总结阶段是对前两个阶段的总结。小组之间要进行相互点评，评委老师要对各小组的表现进行点评，小组成员之间还得相互点评。教师在活动结束之后做了小结，给予学生充分的肯定，给表现突出的小组以及个人进行奖励，为本次活动画上了一个圆满的句号。整节课的氛围是非常活跃的，学生可以主宰自己，他们也很感激教师给了他们这样的机会。

综合以上分析，可以发现该教学模式从活动准备到活动结束，对教师组织能力具有极高的要求。教师需要给学生提建议并指明方向，但不会和他们说具体应该怎么做。从整个活动开始到活动结束，学生的能力、智力、情感都得到了体现与锻炼。教师也可以从学生的活动表现中进一步对学生的个性、能力、品德有所了解，进而在日后的教学中进行有针对性的培养。

（六）5种高中生物学教学模式的分析结果

教学模式实际上就是学习模式，其本质就在于学生的学习方式。现阶段课程改革所强调的自主学习是相对于"他主学习"提出的，合作学习是相对于独立学习提出的，探究学习则是相对于接受学习提出的。自主学习适合学生可以通过自身努力掌握的内容，合作学习适合学生无法独立完成的任务，探究学习则需要有足够的时间。

综合以上对5种高中生物学教学模式的分析和区分，可以发现HPS教学模式在本质上注重培养学生理解科学的本质，学生是借助科学史在一定程度上进行探究式学习，但学生学习的自主性与合作性不能得到较好体现；"学案导学"教学模式在本质上注重知识的学习，尽管学生学习的自主性与合作性可以得到一定体现，但也容易造成学生在"学案"控制下接受式的学习；"5E"教学模式在本质上注重学生探究能力的形成，而学生是以合作探究作为主要的学习方式，但学生不容易建构起完整的知识体系；"讲授－启发式"在本质上注重知识的建构，学生也比较容易建构系统的知识体系，但学生容易形成被动的、接受式的学习；"活动参与式"教学模式在本质上同时注重学生情感的交流与能力的形成，学生是以自主与合作学习作为主要的学习方式，但学生学习的探究性不容易体系，也不容易形成系统的知识体系。

需要说明的是，尽管"5E"教学模式和活动参与式教学模式的自主性、合作性、探究性相对较强，但并不意味这两种教学模式就比其他3种"好"。因为教学模式本身并没有"好"与"坏"的区别，只有与教学内容、学生特征、教学目标等是否"适合"之分。

三、高中生物学教学模式的选择

通过以上对5种高中生物学教学模式的分析，结合"教育要适合学生"的原则和课标的要求，以及对人教版高中必修模块教学内容的分析，在已有实证研究的基础上归纳出相对适合各章节内容的生物学教学模式。

（一）高中生物学教学模式的选择依据

1. 依据《普通高中生物课程标准》的要求

《普通高中生物课程标准》要求高中生物教师在进行教学时能够面向全体学生，重视引导学生进行探究性学习以及多联系学生的生活实际，最终让学生的生物科学素养得到提高。其具体内容标准规定了本课程所要达到的基本学习目标，活动建议列举了有利于学习目标达成的观察、调查、资料的搜集和分析、讨论、实验、探究等活动。因此，它理应作为选择生物学教学模式的依据。

2. 依据高中生物学具体教学内容的特点

教学内容是教师组织和实施教学活动的主要依据，也是学生学习的主要依据。不同的教学内容有不同的特点，例如《遗传与变异》的内容就具有三个值得注意的特点：①知识性目标的要求大多属于理解水平；②重视科学的过程与方法；③关注科学技术与社会的联系。另外，有的教学内容难学难教，有的教学内容易学易教，因此，选择高中生物学教学模式还应该依据高中生物学具体教学内容的特点。

3. 其他依据

课标的要求与教学内容相对来说是固定的，而学生群体则是不断变化的，因而选择生物学教学模式还应当遵循"教育要适合学生"的原则。

因此，本研究在遵循"教育要适合学生"的原则下，依据《普通高中生物课程标准》的要求以及具体教学内容的特点，并结合已有的实证研究来选择每个章节的生物学教学模式，以期今后自己在教学中能够更加合理地对它们进行选择。

（二）《分子与细胞》模块的教学模式选择

第1章第1节《从生物圈到细胞》中关于 SARS 的问题探讨与现实生活联系密切，而且学生早在初中阶段就对资料分析中所列举的事例和材料有所了解。因此，教师就可以利用多媒体展示相关的图片或视频让学生获得直观感受，进而理解生命活动与细胞的关系。而本节课的难点是系统地理解生命系统的结构层次，教师需要举例说明各个结构层次的概念，并将它们联系起来，从而让学生能够对生命系统有一个整体的认识。本节内容并不多，对于学生来讲，难度也不大。但是作为高中阶段的第一节生物课，为了更好激发学生对生物学的学习兴趣，建议教师使用"讲授－启发式"教学模式让学生认同细胞是基本的生命系统。

第2节的资料分析部分给我们呈现了人们逐步深入认识细胞的科学史，教师可以充分利用这段科学史使学生进一步了解细胞。教师通过让学生亲自动手观察各种不同的细胞，进而指导学生比较不同细胞的异同点，也可以让他们感受到细胞的多样性与统一性。对于本节课细胞学说的内容，王娇龙在《基于 HPS 的高中生物教学设计研究》一文中使用了 HPS 教学模式，可以较好地让高一学生对科学本质有所体会。对于观察细胞的内容，由于高一学生较长时间没有使用显微镜，可以采用"讲授－启发式"教学模式帮助学生重新熟悉显微镜的使用。

第2章第1节的知识内容并不多，算是为后续四节内容建立了知识框架。但作为本章的开篇，为了能更好地激发学生对于组成细胞分子的学习兴趣，本节的第一课时则可以采用"讲授－启发式"教学模式。而对三大能源物质进行检测的实验如果单纯让学生进行验证，就显得比较墨守成规，可以说浪费了一次实验探究的机会。陈海萍对于这部分内容采用了"5E"教学模式，学生可以探究自己所带实验材料中所含有的物质。第2节《生命活动的主要承担者——蛋白质》的内容虽然与现实生活联系密切，但比较抽象，而且学生在化学课上还没学到有关化学键的知识。

因此，本节内容对学生来说难度较大。对于本节教学，刘文杰采用了"学案导学"教学模式，通过"学案"的辅助以加深学生对于蛋白质组成、结构及多样性、功能的理解。

课标对第 3 节的要求属于了解水平，另外，问题探讨中的内容很容易激发学生的兴趣，所以本节内容教师可以采用"讲授－启发式"教学模式，通过生动且有条理地讲解让学生了解核酸的分布、组成、结构和功能。

课标对第 4 节的要求属于了解水平，而且教材上所呈现的内容非常贴近学生的生活，所以教师最好采用"讲授－启发式"教学模式从学生熟悉的生活事例开始引入调动学习的热情，从而展开教学。

课标对第 5 节的要求也属于了解水平，而且本节的知识内容比较少，与现实生活联系较为紧密。因此，建议教师采用"讲授－启发式"教学模式，通过生动的言语让学生能够对这部分内容有深刻的了解。

第 3 章第 1 节课标对于细胞膜的要求属于了解水平，如果纯粹地将细胞膜的组成成分与功能直接告诉学生，学生肯定会感觉很枯燥。因此，教师可以采用"5E"教学模式，先让学生通过动手感受细胞膜的存在并猜想其功能，再尝试对细胞膜进行制备以加深对其的理解。

第 2 节课程标准对于细胞器的要求是了解水平，同样如果仅仅直白介绍细胞器未免过于枯燥，可以结合科学史进行讲解，从而让学生明确人类对于细胞器研究过程的艰难与漫长。对于该部分教学内容，教师采用 HPS 教学模式会让学生另有所获。

课标对于第 3 节《细胞核——系统的控制中心》的要求是理解水平，教材中的资料分析陈述的是科学家做的实验结果，直接让学生分析会比较枯燥。细胞核的结构在教材上也已经直接呈现，学生很可能只是停留在浅层的记忆。要是能够结合生物科学史组织科学家对于细胞核结构以及功能的发现历程，还能激发他们的探究兴趣。因此，本节课不能变成教教材，教师可以选择 HPS 教学模式补充一些科学史，让学生通过这段科学史进而真正理解细胞核。

第 4 章第 1 节重在引导学生探究，通过实验探究，学生便能从感性上认识并非所有物质都能通过细胞膜；通过资料分析，他们还能知道有物质与水分子进出细胞膜的方式不同。对于该部分内容，顾勤英采用了"5E"教学模式，让学生对科学探究的过程有了新的体验和感悟。第 2 节教材上呈现了大篇幅的科学史，所以王娇龙选择了 HPS 教学模式，让学生借助科学史的学习掌握流动镶嵌模型的内容并了解科学的本质。课标对于第 3 节《物质跨膜运输的方式》的要求是理解水平，而且教材上的"问题探讨"以及多个图表非常有利于学生理解物质跨膜的方式。因此，教师可以采用"讲授－启发式"教学模式，通过由表及里地讲解，让学生深刻地理解这几种物质跨膜的方式。

第5章第1节的第一课时可以让学生通过实验对酶的作用有一个感性的认识并从中体验控制变量的方法，再通过资料分析得出酶的本质。由于学习内容较多，教师可以选择"学案导学"教学模式，让学生课前借助"学案"来自学这部分内容，从而课堂上就有更多的时间动手实验和讨论交流。第二课时对于酶特性的学习，由于学生在第一课时以及对酶形成了一定的认识，所以这一部分知识内容相对容易理解。这部分内容如果只是教师讲解的话就会显得比较干巴，黄志刚则采用"5E"教学模式，通过对教材上的探究活动进行改进，让学生能够对影响酶活性的条件有深刻的认识。

第2节与ATP有关的内容并不多，但是这部分内容对于学生来说并不好理解。因此，这节内容采取"讲授－启发式"教学模式，教师可以通过形象的比喻，帮助学生理解ATP在能量转换过程中所扮演的角色。由于学生在初中阶段已经对细胞呼吸有了初步的认识，教师在教学的过程中可以充分利用学生的先前概念，从而让他们在学完本节后能够形成关于细胞呼吸的科学概念。

第3节的问题探讨能够引发学生的思考，实验探究部分又有利于学生对于细胞呼吸的认识，所以第一课时可以采用"5E"教学模式。在第一课时的基础上，学生对于细胞呼吸方式有了感性的认识，而关于有氧呼吸的原理和大致过程的内容对于学生来说难度较大，而且在考试中也占有较大比例。因此，第二课时可以选择"学案导学"教学模式。初中阶段学生对于光合作用已经有所了解，但并不深入。

而第4节的学习内容既繁多又难理解，大约需要4个课时才能完成。第一课时提取色素的实验比较重要而且操作要求较高，建议教师先通过讲解实验，再组织学生进行实验从而提高学生的实验成功率，即采用"讲授－启发式"教学模式。第二课时，赖铁华利用了教材中大量的科学史，选择了HPS教学模式，有助于学生对光合作用的深入理解。光合作用的具体过程需要学生理解，且这部分内容对学生来说难度较大，在考试中所占的比重也比较大，因此，第三课时可以采用"学案导学"教学模式。光合作用原理的应用内容主要是让学生分析、解释一些生产现象，而教材上的探究活动对于学生进一步理解光合作用有主要的意义，所以第四课时可以参考朱红梅所采用的"5E"教学模式。

第6章介绍了细胞从新生到死亡的过程，与人类自身关系紧密，容易引发学生的学习兴趣。

第1节的学习内容比较繁多，关于有丝分裂的过程让他们自己去探究是不现实的，而且该内容既难理解还是考试的重点。建议教师采取"学案导学"教学模式，让学生提前准备这部分内容的学习，从而在课堂上就能引导他们更深入去学习这部分的内容。观察有丝分裂的实验由于操作比较复杂，也不容易观察辨别。教师可以采取"讲授－启发式"教学模式，在实验之前就将有关实验的问题说明清楚，从而让学生能够更准确地辨认有丝分裂各个时期的细胞形态。

在第2节的内容学习中，如果学生只是通过自行阅读教材，是很难建立起细胞分裂与分化的联系。而本节课如果选择"讲授－启发式"教学模式，教师则可通过列举学生熟悉的例子来帮助学生建立新旧概念间的联系。

第3节《细胞的衰老和凋亡》的内容与人类自身的衰老以及寿命有着密切的关联，学生自然会对此产生浓厚的学习兴趣。课本上的资料搜集与分析是社会的热点问题，完全可以让学生课前进行准备，再在课上进行交流分享。教师可以结合这个特点，采用"活动参与式"教学模式，让学生在课堂上扮演"小教师"对这节课进行教学。

课标对于第4节知识方面的要求属于了解水平，需要开展相关的资料搜集活动。防治肿瘤是现代社会的热点问题，学生完全有能力利用身边的资源搜集到大量信息，并在课堂上进行交流展示。对于本节课，赵德强采用了"活动参与式"教学模式，让学生通过扮演"肿瘤专家"对这部分学习内容进行讲解，进而加深他们对于癌变的认识。

第二节 高中生物教学模式的功能

一、示范引导功能

教学模式为一定的教学理论运用于实践规范了较为完备、便于操作的实施程序。掌握若干常用的教学模式，青年教师初登讲台就有了进行教学的"常规武器"。在规范的教学模式的示范引导下，可以很快地过渡到独立教学，从而大大减少盲目摸索、尝试错误所浪费的时间和精力。教学模式的示范引导功能，旨在交给教师教学的"基本套路"，并不限制或扼杀教师的创造性。教师在运用这些"基本套路"时，可以根据具体教学条件或情境灵活调整，形成适合教学实际的"变式"。教学模式示范引导功能的发挥，对于青年教师尽快独立教学、学校教学工作规范化、正常教学秩序的建立等，具有非常重要的意义。

二、经验与智慧的桥梁

每个经验型以上的教师都有自己的教学模式，应善于总结教学经验，形成教学特色。教学模式是某种教学理论或思想的具体表现形式，它总是以简化形式表达，便于教师掌握，为教师达到教学目标提供实施程序，为设计教学方案，预见教学效果提供参考。特别是年轻教师，借助教学模式能够对教学活动的大体结构和框架加以掌握，使教学有序、有方，避免实践中从头摸索。

第三节　高中生物高效课堂教学模式构建实例

一、构建高效课堂的理论依据

（一）认知－发现学习理论

布鲁纳是美国著名的认知教育心理学家，持有的教育理念是学习目的是通过发现学习将学科知识的基本结论转变成学生的认知框架。发现学习是指给学生提供相关的学习资料，倡导学生自己通过探索、操作和思考而发现知识、掌握概念和原理的教学方法。各种问题的解决主要是通过发现学习完成的。

（二）有意义学习理论

有意义学习的本质是以符号为代表的新观念与学习者认知结构中原有的恰当观念建立起非人为性的，但是又有实质性联系的过程，是原有观念对新观念同化的过程。理论的创始者奥苏伯尔深入研究了有意义学习的条件及组织学习的原则和策略，在此基础上提出了著名的处理教材内容的"先行组织者"策略。奥苏伯尔认为，学生的接受性学习并不意味着被动学习，在学校的学习过程中数量庞大的材料需要接受学习获得的，所以学校应倡导有意义的接受学习，"先行组织者"策略就是在开始学习任务之前教师呈现给学生一些具有引导性的学习材料，这些资料比学习任务更加的抽象和概括，并且它和学生认知结构中的原有观念以及新的学习任务两者都具有一定的联系。

（三）建构主义理论

建构主义学习理论认为，学习是一个不断获取知识的过程。在教学过程中，要求学生从原来在外部刺激作用下被动接受知识转变为主动进行信息加工、把知识建构到自己的原有框架中，要求教师不再是进行简单的知识传递和灌输，而是帮助和促进学生主动掌握建构意义。教学过程是在师生的共同参与中，学生借助教师的帮忙和支持，从原有的理论结构中"长出"新的理论结构。

（四）"最近发展区"理论

20 世纪 30 年代，维果茨基提出了"最近发展区"概念。他认为儿童发展具有两种发展水平，"现有发展水平"和"可能达到的发展水平"，两种水平之间就是"最近发展区"。在这个区域范围内，儿童如果获得了帮助，就能容易地学会依赖他人帮助获取自己无法获取的知识，所以为了促进教学发展，维果茨基提倡教师进行"支架式教学"，教师在学生试图解决的问题超出他们当前水平时及时给予支持和指导，使他们平稳无阻地过度最近发展区，最后能独立解决问题。

（五）"学习金字塔"理论

1946 年，美国的埃德加·戴尔（Edgar Dale）提出了"学习金字塔"（Cone of Learning）理论，如图 4-1 所示。

图 4-1　爱德加·戴尔的"学习金字塔"模式图

二、运用导学案达成高效课堂的可行性

在导学案的教学实践中，发现导学案具有以下优势，使其具有达成高效课堂的可行性。

（一）导学案提炼于本土

很长时间以来，我国本土教学理论一直在教育界处于边缘化的位置，但我们必须认识到，想形成中国特色的教学理论，必须让我国本土的教学理论占据主流，而中国本土的教学理论从教学实践中提炼而来。实践是检验一切教学理论的根本标尺，新课改出现了许多"先学后教"的教学模式。之所以很多域外的教学理论很难在中国推广，原因是它并非来自中国本土的实践，不符合我国教育的现实情况，没有结合实际进行本土化的再创。

学案导学之所以受到推崇引起了全国范围的应用浪潮正是因为它就是源自中国土地，提炼于教学实践。只有在鲜活的教学实践，才能浸润教学理论，从而焕发出无限活力，而这样的活力又将继续滋养中国教学思想的蓬勃发展。"先学后教"的教学模式是质朴而又深刻的，质朴是因为它来自教学的实践田野中，是草根化的发展，深刻是因为它扎根于中国教学的本土化实践土壤，打上了"中国"烙印。

（二）导学案教学符合高效课堂的追求

导学案的教学理念符合各界对于教育的要求，还与新课改核心理念十分符合。主要体现在导学案的教学过程中努力实现自主课堂、实现师生关系转型有效地处理了"学"与"教"的关系，充分凸显了学生的主体地位等，这些在吴永军的文献中关于导学案的基本认识有客观的阐述。每一种教学模式都依据相应的教学理念，能够指导教学设计和教学过程的理论。这些蕴含在其中的教育理念、理论内在地体现了运用该模式的教师的教育思想、教学设计和教学水平。那么拿学案导学模式来展开探析，该模式体现的教学理念正是有效教学思想，是为了达成高效课堂而服务的。

在导学案教学的过程中，教师是课堂的主导者、组织者，学生是课堂的学习主体，小组间进行自主学习合作探究，把学生的个性发展和全面发展作为教学的目标，以上四点构成了生物课堂有效教学的四大要素，而恰到好处的情境创设、有意义的思维活动、教师指引和师生互动、随堂练习反馈在导学案的教学过程中都得到了充分的体现，所以导学案教学符合当下各界对于高效课堂的

追求。

（三）学案导学具有易操作性

随着科技发展我们在教学上运用了越来越多的技术手段，在教育资源上网络也给我们提供了很大的便利。未来的教育发展一定是顺应信息化教育的方向，然而我们不得不面对的现实是实现信息化教育需要一定的时间去推广，需要大量的资金投入以及人才引进培训等。那么我们可以看到很长一段时间都将处于一种过渡时期，面对新的教育理念和新的教育技术变革，老教师需要用一定的时间重新学习充电，新教师的培养需要不断调整。

而学案导学和其他的"先学后教"的教育模式相比，首先它所需要的信息技术难度很低，不同于微课、翻转课堂等，它不需要教师掌握各种复杂的信息设备，只要有先进的教学思想就可以自己编制合理的导学案，以此为载体教学达到高质量高效益的结果。

其次，导学案可以和其他各种信息化教学手段相结合，导学案的操作简便并不是停滞不前不再充电的逃避手段，而是促进信息化教育实施的辅助。与其他新颖的教学手段相比，导学案更易上手，无异于给老师们进行教育改革的鼓励，也利于教师群体创建信心接受新生事物。很多学者认为导学案和翻转课堂、微课的共生能够创建更大的收益，能更好地互补。张旸和蒙泽察两人提出了一种把导学案和翻转课堂结合共生的途径：首先把导学案作为基础，将翻转课堂用到的教学视频作为教学材料引入，在学习过程中依旧利用导学案作为学生学习的指南针，进行问题情境的创设，诱发学习者思考；在思考过程中产生新的认知冲突，为了解决冲突学生自觉地选择学习教学视频，这样在导学案为指导的视频学习平台就能够使学生、家长、教师三方面进行有效循环的互动，同时让学习在时间和空间上进行有效延伸和衔接拥有可能性。

三、基于导学案构建高效课堂的策略

本部分工作将主要目的着眼于如何在导学案的基础上构建高效课堂，主要从导学案编制和构建高效课堂两方面进行阐述。

（一）导学案的编制

在前述调查反思中分析到学案的质量关系到高效课堂的达成，因此在高效课堂以导学案为载体的情况下，导学案的设计直接影响其课堂实施的效果，因此导学案编制尤为重要，其优劣直接关系到高中生物课堂的高效低效与否。导学案的编制必须有一定的理论基础和指导思想作为支撑，遵循一定的原则，这些在导学案的研究中均有涉及。经过实践和调查分析关于导学案的编制，提出以下几点策略，并以实际案例具体说明。

1. 导学案的内容应围绕问题有层次展开

生物这门学科是由众多生物学上事实现象和理论组成的科学知识体系，是在人们不断探究的过程中逐步发展形成的，所以探究是学生认识生命世界、学习生物课程的行之有效的方式之一。因此，在对导学案进行编写时可能需要多设计问题进行引导，让学生自己摸索发现学习，特别是相关课程中有关实验部分的教学，可以让学生亲自对实验进行设计。

例如，生物必修1第2章第5节《细胞中的无机物》中为了使学生更好地理解自由水和结合水两个概念在导学案中设置如下问题让学生思考：农民晒干黄豆之后细胞中失去的是什么形式的水？家里做菜炒黄豆时细胞主要失去的是什么形式的水？而自由水和结合水的功能应用可以围绕如下问题思考，引导教学：比较晒干的种子是否还能发芽？与新鲜种子相比谁的新陈代谢相对旺盛？那么生物体含自由水多还是结合水多时抗逆性强？

2. 导学案的素材应注意有效性和时效性

（1）导学案中问题的设计要有效

整个导学案应围绕"问题"展开，导学案的设计核心应为可以进行合作探究活动的问题。因此，问题设计在导学案中至关重要，课堂中进行引导式的教学也是如此。除此之外，素材应避免学生比较熟悉的教材内容，在预习过程中学生已经熟识教材上提供的资料，如果在导学案教学的课堂探究上还进行相同资料的重复学习，那么无疑是低效或无效的。

因此，在选材上要用新鲜的资料吸引学生学习。大连市某中学教师在设计《伴性遗传》的导学案时特别注意到了这一点。教材上提供的学习资料是红绿色盲，在前几节课的基础上通过课前完成预习案学生能够自学理解红绿色盲的遗传原理，所以在课上不需要进行大量时间进行学习。因此，在课堂探究时，教师在导学案上提供的资料是伴性遗传疾病血友病，并以英国维多利亚女王的家族病史资料为例进行学习。

首先这份家族遗传资料是真实可信、现实存在的，学生对这个家族的历史立刻提起了兴趣，其次同样是伴性遗传的学习而不仅仅利用红绿色盲的资料既扩充了学生的学习广度，又巩固了已学到内容加深了深度。和之前的教学设计相比，学生在课堂就完成了红绿色盲、血友病两种伴性遗传疾病的学习，而不需要在课下在对血友病等伴性遗传疾病进行学习，不可谓不高效。

（2）导学案中设计的问题和选取的素材要具有时效性

导学案中编制的问题不应是漫无边际地添加引申出的各类试题、补充训练练习题、概括所谓的解题大法，而是应该将重点放在培养学生求知、探索、创新精神、创业意识等新时期的人文主义精神。新时期学生恰恰最需要这些精神，在使用导学案的过程中要潜移默化地熏陶学生，效果最好不过。

举一个简单的例子说明一下，在学习《基因突变与基因重组》时，教师讲到基因突变的案例不得不提到太空育种，因此我们在教学和导学案的内容中可以联系我国近年来的航空事业，如 2016 年 4 月 6 日实践十号的发射，实践十号发射也是为了研究太空中的生物变异等问题，教师以这个现实素材为契机对学生在情感态度价值观上进行丝毫没有突兀的教育，激发学生对科学的热爱，努力学好科学基础知识为国家未来的各方面建设和进步添砖加瓦。

3. 导学案应提供结构化概念

有意义学习理论认为，学生在课堂上采用的更多是接受学习，只有在接受学习中积累了足够的知识才能在发现学习中利用已掌握的知识顺利解决问题。教师需要给学生提供经过仔细考虑、有组织的、有序的、完整的素材。参照"先行组织者"策略，在学习每一课或每一个知识点时，都应提前让学生对整个知识体系加以了解，理解要学习的新任务在整个学习体系中的位置。换言之，教师在课内容学习之前应该先提供一种结构化的概念资料，让学生理清上位与下位概念间的关联。建议可以在每个章节和每一课的导学案的开始部分都运用概念图、思维导图、知识树等形式建立起学生原有知识结构和新任务的关联。在课堂讲授中或者复习总结时也要常常拿出这种结构化概念，形成系统的生物知识结构，并不断深化学生对于这种概括性内容的印象。在学习必修一第 2 章的内容时，可以在每一节内容开头加入细胞中有机物和无机物的概念图，如图 4-2 所示。

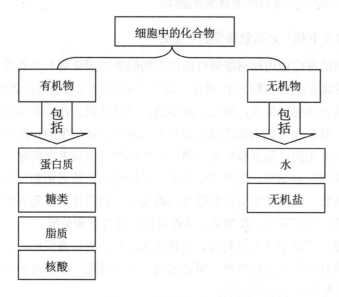

图 4-2　细胞中的化合物

　　在学生调查中也发现，学生希望导学案中能够提供这种总结性资料进行复习使用。那么每节课的导学案可以在最后设计一个整堂课内容的概念图或者是思维导学帮助学生升华概括。如《伴性遗传》这节课的学习，大连某高中生物教师在导学案上采用的课堂小结概念图，如图 4-3 所示。

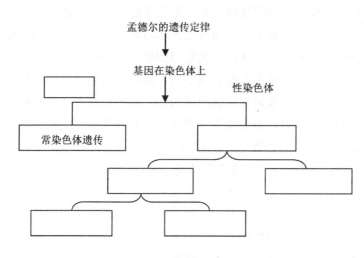

图 4-3　伴性遗传课堂小结

（二）从导学案到高效课堂的跨越

1.“对症下药”是高效课堂的立足处

导学案的推广应用如何能够打造出生物的高效课堂呢？要想改变模式化、静态单一的课堂顽疾，就必须"对症下药"，不能照搬名校名师的教学模式。"对症下药"的方法也很简单，就是了解学情，因材施教。在导学案使用的反馈调查中发现，很多学生认为教师设计的导学案并没有从学生的角度出发，既然导学案是学生来用的，那么教师就必须从学生的视角出发考虑问题。这就要求教师在课余时间贴近学生，走进学生团体，了解他们的所思所想。比如，学生现有的学习基础、平时的生活经验以及兴趣爱好、拥有什么行为习惯以及他们的背景因素等，只有充分了解学情，才能使因材施教有所依照。

好的教育资源不是不能利用，而是拿来之后不能照搬照套，要考虑自己的服务对象的具体状况进行改良。甲之蜜糖，乙之砒霜。不合理的教学方式方法将会耽误学生高效发展的进程。

2.师生共进是高效课堂的关键点

在课堂教学中我们要重新确立学生和老师的定位，导学案以一节课作为单位，将要学习的知识设计成可供学生使用的学习方案，指引学生进行学习探究，从而促进学生转变学习方式，进而实现学生学习角色和地位的转换。而教师在课堂上更多的是位于一个指导者、帮助者的位置上。学生在以小组内开展合作学习，展示学习成果，教师加以补充，把课堂还给学生。在学生学习习惯的调查中发现，一些学生还是不能主动参与到学习活动中，对于一些探究学习和小组讨论不够积极。教师的访谈结果也说明如果学生不够主动配合学习，那么整个课堂也会因此拖延，达不到高效的结果，所以我们必须认识到教学这个过程是师生共进的，也就是我们常说的教学相长。教师在教学中需要做的就是调动起学生最佳的学习状态，努力地引导学生参与教学活动，改掉学生被动学习的陋习。这意味着传统的"教师—学生"的单向交流必须改变，要建立起"师—生""生—师""生—生"的多向循环交流模式，形成一个立体网络。

综上所述，师生之间的关系是共生互补的，学生的发展程度取决于教师能力和价值的实践体现，而学生的综合提高意味着教师的工作成效，教师的价值体现也正依赖于学生的不断进步。失去了学生这个学习主体，同时也就失去了教师的价值意义，只有师生共进才能有蒸蒸日上的教学效率。

3. 反思再创是高效课堂的必经之路

如何达到高效课堂做到教学技术和教学艺术的合理融合是需要在实践过程中不断探索思考。而这种探索不能够是纸上谈兵，必须经过通过"实践—反思—修正—实践……"这样一个连续不断的形式螺旋向上，所以反思再创是高效课堂的必经之路。

首先，通过时时对课堂上教学细节的回想来发现一些低效的重复性甚至是无效的教学行为。该过程通过教师自己的思考可能很难透彻地理解问题所在并获得解决，所以学校中应该提倡在教师之间进行友谊赛式的互听互评，或进行教学评比，一旦问题拿出来大家一起研讨后，很快就可以明确，也能得到建设性的意见。

其次，教师要善于提升课堂技术。在高效课堂实践中，每一步课堂技艺的生成都是教师创造性地运用课堂技术的产物，都是教师对课堂技术的一次"二度创生"、一次"解构－重构"的实践。也就是说，每位教师的课堂技术最初都来自原创者的教学实践，将成功的教学实际情景在其关键处"去情境化"后分离出来的就是这个教师的课堂技术；而课堂技术被教师灵活应用、再次回归到合适的情境后进行教学实践就产生了课堂技艺，这就是课堂技术在教学生境中的"二度创生"。在这样的二次创生过程中课堂技术的边框被打破，进入了课堂实践的创造性修正、延伸和再定义的阶段，教师的课堂教学水平就会在这样的阶段性实践中快速发展，最后达到人即是课、课即是人的最高境界。

打造高效课堂是教育涉及的所有群体的共同目标，所以需要的是各个群体一起努力。学生方面，作为学习的主体，学生最后学习高效与否主观因素影响颇多，因此要积极和同伴、老师沟通学习问题，转变学习观念主动解决疑问；教师方面，教师需要不断提高自身教学业务水平，多反思修正，课下走进学生，朝高效课堂目标迈进；学校方面，加强对教师的培训，不仅要关注新入职的教师成长，同时也要提高经验丰富的教师的教学理念，做到人尽其才。

第五章　微课在高中生物高效课堂教学中的应用

随着科学技术的发展，高中生物教学也要将新技术和教学理念应用于实际课堂教学中，改变旧有教学模式，建设高效的课堂教学。微课是随着科学技术的兴起而形成的一种教学模式，具有时间短、针对性强、内容具体、资源使用方便等特点，在提高教学效果方面发挥着重要作用。本章分为微课教学的理论基础、高中生物微课的开发与利用、高中生物课堂教学式微课案例三部分，主要内容包括微课的概念、特点和种类、微课的理论基础、高中生物微课的开发、高中生物微课的应用等方面。

第一节　微课教学的理论基础

一、微课的界定

微课是"微型教学视频课例"的简称，微课是指按照新课程标准要求，从教学实践出发，在课堂内外教学过程中用精心设计的短小视频进行某个知识点或技能教学的教学方式。微课关键内容是教学课例视频片段。微课的目的是使教学取得最佳的效益。微课具有完整的教学结构。微课的实质是一次完整的教学活动。微课目标明确，主题鲜明，内容概要，因此微课不同于传统的教学，但又是在传统教学基础上形成的一种新型教学形式。

二、微课程的界定

微课程属于课程序列。课程是指学校为实现教育目标进行有目的、有计划的教育活动，它包括教育内容和其进程。微课程是在移动互联网技术环境下，依据学生的认知水平，将有关的教学活动的要素与微视频优化组合的教学系统。微课程是由一系列相关的微课组成的体系，主要应用于在线学习、移动学习。胡铁生老师认为：微课包含微教案、微练习等资源，是以微型教学视频为核心形成开放的、动态的资源应用环境；而"微课程"是用微课进行教学的内容和实施微课教学活动的总和。综上所述，"微课程"是"微课"的上位概念。

三、微课的特点

（一）弹性便捷

传统的课堂教学对教学的时间有着严格的规定，而微课在时间安排上却有其明显的优势，如微视频的时间比较短，一般 5～8 分钟，最长时也不应超过 10 分钟，这比较符合中小学生的认知特点。有学者对可汗学院、TED、佛山微课三个比较有影响和知名度的项目中的微课进行调查统计，结果显示，微课的时长以 0～10 分钟为主，在调查的微课中，小于 10 分钟的约占 83.3%。从中可以看出，学习者学习的时间相比于以前，是非常短的。微课资源的容量不会超过百兆，易于存储、便于携带，使微型学习成为可能。因此，学习者在完成微课的学习时所花费的时间和精力不会太大，这样更有利于学习者弹性安排个人时间，非常便捷，并更加人性化。

（二）内容精练

与传统课堂相比，微课的主体更为突出，问题更为集中，换而言之，更适合教师的需要。

反映课堂中某个教学主题、教学环节的教与学活动，突出课堂教学中某个学科知识点的教学等，是微课的特点。也就是说，微课比传统课堂的教学内容更加简洁，但简洁的同时，又能够使学者明白，因此又可将其称之为"微课堂"。

（三）主题明确

解决课堂教学中某个学科知识点的教学，或是将课堂中的某个教学主题、教学环节等教与学的活动进行适宜的反映，是微课存在的重要意义。"微课"的教学目标相对单一，研究的问题来源于教育教学具体实践中的具体问题，一个课程就一个主题。

不难发现，微课的教学内容比起传统课堂内容更加精简，精简是去其糟粕，取其精华，更加突出教学主题，更加明确教学目标（包括资源设计指向、教学活动指向等），它的设计和制作都是围绕着一个教学主题而进行的。

（四）趣味创作

正是由于课程内容的微小，以至于每个人都可以成为课程的开发者；与此同时，也正是因为课程是针对师生使用的，课程研发的目的是将教学内容、教学目标、教学手段紧密地联系起来，而不是验证理论或者是推导理论。也就意味着所研发的内容必须是教师所感兴趣、熟悉或是有能力去解决的问题。

（五）短小精悍

"微"是微课最基本的特征，也是它与其他网络课程最本质的区别。"微"主要包括三个方面：①指视频长度的"微"。中学生在学习过程中能够集中注意力学习的时间较短，长时间的学习容易让他们产生疲惫感。另外，为了满足学习者碎片化学习的需要，使学习者能在零散时间学习，应将每个微课视频的时间控制在 10 分钟左右。②指微课视频容量的"微"。随着无线网络和移动终端的普及，大多数学生很容易就能接触到手机、电脑或 ipad 等，视频容量小便于学习者观看或下载视频，使学习者能随时随地学习，也有利于实现资源共享。③指微课内容的"微"。微课一般只承载两个知识点，以便能更有针对性地解决学生的困惑，所以在设计微课之前，首先要考虑课程内容的选择，应尽可能将课程内容细化，将一个章节的学习内容分割成相对独立的知识点。但需要注意的是，如果教材内容分割不当，很容易导致知识点支离破碎，教学内容的连续性、逻辑性和整体性缺失。因此，在微课选题时，要充分考虑知识点或教学内容的性质及其与其他知识之间的逻辑关系，按其难易程度进行合理划分并适度选取。

（六）共享、交流

共享是网络资源的核心理念。就微课目前的发展来讲，其不仅具有网络资源丰富、交往、便捷、互动等优势，而且打破了利用资源在时空上的限制，实现了教学资源的共享。除此之外，微课还为学习者提供了一个网络学习与信息交流的平台，教师在微课教学后会把微视频上传到信息技术资源管理中心的网站上，供同行借鉴学习，还可以充分利用同行的经验不断地挖掘自身发展的潜力，加强交流与沟通、分析评价、强化教学反思。实际上，这就是我们现在所提倡的教师学习共同体的一个方面，它由教师群体构成以网络式的虚拟场景为基础，以便教师进行交流与学习，从而实现教师个体的专业发展。

（七）多元、真实

多元主要是指微课资源的多样化。它不仅有微课视频，而且还有微教案、微课件、微点评、微练习等其他形式的资源，相对于传统的课堂教学视频而言，微课资源的多样化使得整个教学更加丰富多彩。在利用丰富的微课资源时，师生将同时从中受益。一方面学生可以利用微视频进行学习，以微练习进行相应的复习巩固，以微反馈的形式进行综合评价，使得学生的思维能力进一步提高，并且能够提升学生学习的兴趣；另一方面教师利用微课资源的多样化去实现教学观念、技能等方面的提升与深化，进而提高课堂教学效率，促进教师专业成长。

真实主要是指现场情境的真实性。微课的设计都会具体到一个真实的而不是虚假的场景之中，进而形成一个与具体的教学内容有机结合的微课堂。这种真实性的场景与现实生活紧密结合。比如，生物教学中的微课场景一般要选在实验室或实习、实训基地，体育教学中的微课场景一般要选在体育馆或运动场，并且在选择着装、教具时应与教学活动主题相一致，这样才能呈现出微课堂的情境性。

（八）资源使用方便

"微观课堂"的教学内容一般而言，选定的科目的内容要求专题重点放在主题、明确界定和相对全面。与教学材料和教材有关的教学材料、课本、教学材料和教材、学校后阶段的思考和教学材料。授课中使用要求主题突出、方向清晰、相对完整。它以教学视频剪辑为主线，"整合"教学设计（包括教学计划或学习计划）、多媒体素材和课堂教学中使用的课件、教师的课后教学反思、学生的反馈意见和学科专家的课文评论等相关教学资源，构成了主题鲜明、结构紧凑的"学科单元资源库"，一个真实的"微观教学资源环境"就被创造了出来。

在这一真实、具体、典型的案例教学情境中，教师和学生可以轻松地实现对"隐性知识"和"隐性知识"等高层次思维能力的学习，实现教学观念、技能和风格的模仿、迁移和推广，从而迅速提高教师的课堂教学水平，促进教师的专业成长，扩宽学生的知识储备。

在学校教育方面，微课不仅为教师和学生提供了大量的相对重要的教育资源，同时也是改革学校模式的基础。

（九）资源容量较小

就大小而言，"微级"视频和辅助支持资源的总容量通常约为几十兆字节。

老师和学生可以通过笔记本电脑、手机、MP4 等终端设备实现移动学习，也可以灵活且容易地下载到"泛在学习"中，因此适用于教师的参观、评价、反省和研究。

（十）课程目标明确

微课的核心内容是针对学科学习中的重点、难点或常考点等而设计制作的微型视频。微课教学目标明确有利于学生根据自己的学习实际需要或兴趣针对性地选择学习内容，这能够有效地提高学生的学习效率。

四、微课教学理论基础

（一）终身教育理论

1965 年，法国教育家朗格朗首次提出了"终身教育"，此后，许多国家掀起了终身教育思潮。终身教育有其特定的含义，它既包括教育的各个方面、各项内容，从一个人出生的那一刻起一直到生命终结时为止的不间断的发展，也包括教育发展过程中各个阶段之间的紧密而有机的内在联系。终身学习既是每一个人应对未来挑战的措施，又是现代社会发展的需要，也是未来教育发展的战略。

终身教育没有固定的内容和方法，只要能够实现"学会学习"的目的即可。微课作为新型学习资源，其内容包罗万象，可以满足不同年龄、不同水平的学习者的需要。例如，高中生物的微课可以使高中理科生学习生物的需要得到满足；植物生理学的微课可以帮助植物学专业的学生对知识加以理解；烹饪美食的微课能够满足家庭主妇增进厨艺的需求；瑜伽健身的微课可以帮助健身达人保持完美身材。

（二）多元智能理论

美国哈佛大学著名教育学及心理学家霍德华·加德纳对多元智能理论进行了提出，他认为，人至少存在八种智能，分别是语言智能、逻辑－数学智能、空间智能、肢体－动觉智能、音乐智能、人际智能、内省智能，以及后来补充的自然观察智能。

微课教学，是发展学生多元智能的有利途径。它为学习者提供了丰富的学习资源，学习者可以按照自身的爱好和经验，选择感兴趣的内容学习，也可以根据自身特长和优势，选择适合自己的内容学习。微课中包含了各种视频、文本、图片、音乐等资源，能带给学生不同感官上的刺激，引发浓厚的学习兴趣，反过来，也有利于促进学生各项智能的全面发展。微课的评价方式多种多样，可以通过在线完成习题、提交作业等，发挥评价的促进功能，符合多元智能理论下的评价观。

五、微课教学开发

（一）以学习者为中心

开发微课是为了更好地满足学习者的需要。利用微课学习的学习者高度自主，自由选择学习内容、学习时间，自行调控学习进度，因此，在微课设计过程中要充分体现学习者的主体地位。在微课内容选择方面，首先要明确学习者的学习需求，有针对性地设计和制作微课，使微课具有较强的实用性，避免出现资源利用率低的情况；在设计微课教学思路方面，首先要了解学习者现有的学习基础，并依据学习者的学习特点，精心设置学习活动，组织各种学习资源，在保持学习者原有的学习习惯的基础上，激发其学习兴趣，调动其学习主动性。在微课结束时，应留有可供学习者思考和交流的问题，这样不仅可以检验学习者的学习情况，也有利于保持学习者的学习动机。

（二）以合适教学素材为载体

教学素材是教学内容的载体，是师生间传递信息的工具。微课可选择的素材资源十分丰富，常见的如文本、图片、声音、动画、视频等。相比于文本，学生更容易被图片、动画等吸引，这些资源也能更直观地展现生理反应过程，帮助学生获得直观感受和直接经验。因此，在设计微课时，可根据课程内容的需要选择恰当的教学素材，并以适当的方式加以整合运用，以此增加课程的生动性，增强教学效果，提高学习者的学习兴趣。同时注意切勿滥用教学素材，否则会分散学生的注意力，起到适得其反的效果。

（三）以激发学习者的学习兴趣为目标

微课不能替代传统课堂教学，目前只是一种辅助性教学资源，供学习者自主选择。它的初衷是希望能帮助学习者自学，所以在没有教师的管理和督导下，想要让学习者主动地学习，就需要从微课的内容和呈现方式上着手。除了微课的内容要具有实用性，在开发设计微课时，我们还要尽量使微课的呈现方式具有很强的吸引力。高中生物学的知识点繁多且相对独立，学习的过程难免枯燥，很容易出现学生注意力不集中或疲倦，导致学习者关闭课程中断学习的情况。但生物同时也是一门与我们自身的实际生活息息相关的学科。因此，在设计微课教学过程时，应该多与实际生活联系，使学习者融入学习情境中。

另外，要尽量保持微课轻松愉快的学习氛围，在学习活动的安排或教师言语的表达上要充分体现趣味性，也可以将课程内容以问题串的形式展示出来，环环相扣，用知识点之间的逻辑美吸引学习者的注意力，从而保持学习者的学习动机。

（四）微课的开发和应用要适度、适时、适当

作为微课的开发者，教师首先要明白并非所有知识点都适合用微课的方式来讲授。在开发微课时，教师需要根据学习的内容以及学习者的学习特点来明确哪些知识点适合以微课的方式讲解，制作出来的微课如何与课堂教学融合。所谓"适度"，指的是微视频数量不宜过多，时间不宜过长。所谓"适时"，是指微视频提供给学习者的时间和方式要适当。制作微课时，我们首先要明确该教学资源将应用于哪个教学环节，是用于课前预习还是用于新课讲授还是用于课后解答疑难，要根据设计该微课时的目的确定微课提供的时间。

另外，微课的提供要尽量方便学习者能随时获取，比如借助 QQ 群、微信群等常用的社交工具。所谓"适当"，是指在设计微课教学过程时，要根据不同的教学内容，根据学生的学习基础和实际需求以及微课的教学特点，采用适合的教学方法，提高教学效果。

第二节　高中生物微课的开发与利用

一、高中生物微课的开发

（一）新授知识类微课开发

开发的新授知识类微课的主要作用是帮助学习者进行课前预习，是针对教材每一节内容里的重难点内容设计的微型课程。当然，微课应用于实际教学的作用并不是一成不变的，它在实际教学中的角色可随教师的教学风格和学生的学习需要发生改变。比如新授知识类的微课既可以应用于新授课前，帮助学生进行课前预习，也可在课堂上播放，作为一种直观的教学资源让学生更好地理解相关知识，还可以作为学生的复习资料，在新授课后巩固基础知识，突破重点、难点。

1. 前期分析

与课堂教学不同，微课由于时间的限制，通常只针对一至两个知识点进行讲解，所以在开发微课之前，教师首先要认真分析每一节的教材内容，确定教学重、难点，然后结合学生的学习基础和实际需要，选择出适合利用微课讲解的内容，制定出能够利用微课达成的教学目标，为学习者提供学习参考。另外，微课的设计要符合学习者的认知规律，要以学习者现有的知识储备为基础，因此，在开发微课之前，教师要分析清楚学习者的学习基础、学习特点和学习需求。

（1）教材内容分析

人教版高中生物必修一《分子与细胞》教材是以基本的生命系统——细胞为主线展开的，依次介绍了细胞组成成分、结构、功能和生命历程。其中第四章和第五章主要介绍了细胞的功能。根据一线教师教学的经验，第四章"细胞的物质输入和输出"、第五章"细胞的能量供应和利用"的学习内容是必修一模块的重、难点，也是常考点。这两章介绍了许多微观的生理过程，许多学生表示在学习这两章内容时比较吃力，较难将知识系统化。大部分教师也认为难以让学生在头脑里形成清晰的知识网。故笔者认为针对这两章的内容开发微课，并将其应用于生物课堂教学，这样既能减轻教师教学的难度，也能使学生获得更好的学习效果。

在介绍了细胞膜的组成成分及大致功能的基础上，第四章详细介绍了细胞膜控制物质进出的功能。本章共包括4节，第一节通过对水和无机盐跨膜运输实例的探究，得出细胞膜具有选择透过性这一功能特性；在生物学中，功能往往是由其结构决定的，故第二节通过介绍细胞膜的结构—流动镶嵌模型，说明了细胞膜是选择透过性膜的原因；在了解了细胞膜的结构后，第三节着重探讨了不同物质进出细胞的不同方式，加深学生对细胞膜功能的理解。这三节内容是以细胞膜的功能—结构—功能为内在线索的，有助于帮助学生建立起结构与功能相适应的生物学观点。第四节内容带有总结性质。

第四章不仅传授了学生生物学知识，对培养学生多方面的能力也有重要作用。如通过植物细胞失水和吸水的探究实验，可以使学生了解探究实验的一般方法和步骤，培养学生对于自然现象探究的能力；通过了解生物膜探索历程，可以让学生体验科学家们发现事实真理、认识自然的一般规律；通过对不同物质跨膜运输方式的探究，让学生学会利用数学图表来展示三种跨膜运输方式的规律和特征，可以培养学生解读图表数据的能力。

第五章共有4小节内容，第一节主要介绍酶的作用及本质，并通过"影响酶活性的条件"的探究实验，总结出酶的特性，为学生理解细胞中多种多样的生命活动的顺利进行奠定了基础。第二节主要介绍了 ATP 的结构和作用，该节教学内容是掌握细胞呼吸、光合作用等知识的必备基础。第三节主要是介绍 ATP 的来源。生物界中所有生物每时每刻都在进行着细胞呼吸，这一过程使得我们能够获得源源不断的能量。该节内容与本模块所学的线粒体的结构和功能、主动运输和细胞的能量"通货"——ATP、光合作用等内容有密切联系，因此是本章的重点内容之一，也是必修一《分子与细胞》的重点内容之一。第四节主要是在初中阶段已学的光合作用的基础上进一步学习绿叶中色素的种类和作用、叶绿体的结构和功能、光合作用的发现史、光合作用的基本过程等内容。

第五章知识点多、前后联系紧密、内容抽象且复杂，包括了许多学习的重、难点和常考点，需要综合理解与应用。第五章的内容涉及一些有机化学和物理知识，虽然对学生来说有一定的难度，但有利于培养学生知识迁移能力和学科交叉知识的综合能力。

（2）高中生学习情况分析

美国心理学家霍林渥斯把高中阶段称为"心理上的断乳期"，这个阶段的学生有较强的自我意识，也具有一定的独立思考和处理事物的能力。但学生处于从不成熟向逐渐成熟的过渡阶段，所以在学习上常常会表现出波动性，需要教师或家长的引导才能形成较好的学习习惯和学习方法。

生物学科是与实际生活紧密联系的一门学科，我们通常能利用日常生活中的生物现象获得生物学知识，或利用相关的生物学知识解释周围的生物现象。如果教师处理得当，生物学科很容易调动学生的学习兴趣。与初中生物学相比，高中生物学在知识内容的范围深度上都有了很大的不同，具有较多抽象性、微观性的知识，知识体系繁杂，许多生物概念、生物过程需要学生理解记忆，这也就需要学生能够自觉、有效地利用课余时间。

在传统生物课堂教学中，迫于考试的压力，教师为了节省课时，按时完成教学任务，往往都会选择以教师为中心的讲授策略，而学生只能死盯着黑板，用绝对的聆听代替头脑的思考。传统的生物学教学对学生的探究实验或课外实践活动通常采取能省就省的原则。许多实验现象、实验的注意事项或实验结果都只能让学生死记硬背，应付考试需要。长此以往，生物课堂变得死气沉沉，不少学生丧失了对生物学科的学习兴趣，学习动力明显不足，所以当前高中生物教学亟须一种有效的、新型的学习方法来打破现存的教学局限，改变高中生陈旧的学习方法，提高学生的学习效率，培养学生实验探究的能力、运用知识解决实际问题的能力以及独立思维的能力等。

微课作为一种新型的教学资源，若能在高中生物教学中加以适当运用，不仅能更直观生动地展示出一些生物现象和生理过程，增加教学的灵活性和教学资源的丰富性，使学生理解微观的生物知识，形成微观想象力，还可激发学生的学习兴趣，转变学生的学习方式，促进学生主动学习。另外，微课时长较短，便于学生充分利用零碎化的课后时间进行学习，适应了新时代发展的特点。

总的来说，高中学生已经具备了一定的自学能力，也积累了一定的生物基本知识，且通常能熟练使用智能手机、平板电脑等多种移动设备，因此在高中生物教学中应用微课非常适合，这对加速课程改革也有一定的意义。

（3）确定微课教学内容

在进行微课教学设计之前，教师首先要根据学生的基础和需要选定微课的教学内容，并分析如何突破重、难点，明确学生的微课学习任务。在此基础上，教师进行的教学设计更符合学生的实际需要，贴近教师本身的教学风格。

2. 微课的设计

（1）设计微课教学过程，撰写教案

教案是教师顺利开展教学活动所必需的，教案体现出教师对教学内容的分析、学生学习基础的分析、教学方法的选择、教学步骤的安排、教学素材的准备等多个方面，是教师根据学生的实际情况和个人的教学风格确定的实用的教学文书。教师在开发微课时同样需要撰写教案，但微课的教案与传统教学的教案有一定的区别。

学生利用微课预习或复习都是在自主无人监督的情况下进行的，所以要想学生取得良好的学习效果只能从微课本身着手。教师可在教学设计中设置一些探究性的问题以促进学生形成主动思考、主动获取知识的学习习惯。为了防止过于死板的讲解使学生丧失学习兴趣，教师可增加一些趣味性设计，如创设一些有意思的学习情境来激发学生学习兴趣。

（2）脚本开发

脚本是指详细记录微课录制过程的整体计划的一份文档，包括每个画面所对应的配音，每个画面持续的时间等内容。将教学设计转换成脚本是开发微课过程中一个非常重要的步骤。在视频录制前进行脚本开发能使教师在录制微课视频时有着清晰的思路，减少视频录制过程中因口误需要重录的情况。另外，提前准备脚本也有利于教师对录制微课时使用的语言反复修改、斟酌，避免出现错误或不适的语句。

另外，教师在进行脚本开发时，应尽量使用幽默风趣、通俗易懂的语言，力求以简练、科学的语言对有关知识进行讲解，使抽象的知识形象化、枯燥的知识趣味化，激发学生的思维活动，保持学生积极的学习动机。

（3）设计微课导学案

在确定微课的教学内容以及学生的学习目标后，教师应根据学生的实际学习基础制定一份符合学生认知规律、题量适当、难度适中的微课导学案。发放微课导学案不仅能让学生有明确的学习目标，也能对学生的自主学习起到一定的督促作用。

本研究使用的微课导学案包括四个部分：学习目标、自学步骤、自我检测、疑惑摘要。学生在课前按照"自学步骤"通过阅读书本、观看微课等方式自学，按时完成"自我检测"，并将学习过程中不理解的内容写在"疑惑摘要"中，教师以此收集学生反馈的信息，以便把握学生学习的难点，调整教学的重点内容。

（二）习题讲解类微课开发

生物习题讲解课是以解答生物习题为基础所进行的教学活动。习题讲解类微课是指教师对学生在新授课结束后做的相应的课后练习或测试试卷的情况进行分析，针对学生难以解答、错误率较高的习题或典型例题进行分析讲解，并对该知识点进行梳理和总结的一种微课类型。习题讲解课在高中生物学教学中十分重要，它有助于学生及时巩固基础知识，加深学生对重难点知识的理解掌握，也有利于学生分析问题能力和知识迁移能力的提高。在传统教学模式中，习题讲解课通常是在整章知识点新授完成或章末检测之后，教师集中地讲解错误率较高的习题。

一般来说，水平相当的班级错误率较高的习题总是相差无几，也就是说教师在每个班级讲解的习题内容相差不大。如果教师在分析学生作业完成情况后，针对需要讲解的习题进行讲解分析，录制成微视频，并在课堂上播放，可以避免重复劳动。如果课时较为紧张，教师甚至可以不占用课堂时间，可以将微课直接提供给学生，让学生在课后根据个人需要选择性地进行观看。这不仅可以节省课时，也有利于学习者根据自己的情况查漏补缺，进行个性化学习，将自己已经掌握理解的习题略过，着重观看自己无法解答的习题的讲解视频，也可在困惑的地方暂停思考，实现因材施教。

1. 前期分析

（1）批阅习题，统计习题对错情况

在生物新授课后，教师会布置相应的练习作为课后作业，题目数量一般为20个左右，既能检验学生在课堂上的学习效果又能帮助学生及时巩固所学知识。学生利用课余时间完成作业，并及时将作业交由教师批阅。教师在批阅习题的时候，对错误率较高的题目做好记录，从而了解学生的学习效果。在此基础上，对习题课和复习课的教学内容做相应的调整。

（2）分析学习者的学习情况

完成习题批阅后，教师再对统计出的错误率较高的题进行分析，在综合分析新授课的教学内容、学生的课堂表现以及学生平时的学习基础后，教师要分析每一个错误率较高的习题错误的原因，挑选出学生难以解答的习题，总结出学生尚未理解透彻的知识点。在此基础上制作的习题讲解类微课更符合学生的需要，更具有实用意义。

（3）确定需要讲解的习题

微课的时长一般在10分钟左右，一个习题讲解类微课大约可讲解5个习题，所以在进行习题讲解课之前，教师首先要根据学生的学习基础和接受水平，选择适量的、有代表性的、针对性较强的、难度适中的、符合学生学情的习题。要注意的是错误率较高的题并不一定具有制作为微课的价值，错误率较低的题也不意味着可以忽略不讲。习题课在一定程度上体现了本节内容的重难点，教师要根据知识难易程度合理搭配基础题和综合题的数量。

2. 微课的设计

（1）分析易错题的相应知识点

在认真观察学生的课堂表现、分析每节课后习题和统计学生习题对错情况的基础上，根据学生的学习效果，从高中生物人教版必修一《分子与细胞》第四章和第五章每节的课后习题中选择错误率较高的易错题作为典型例题讲解，并录制成习题讲解类微课。

（2）设计教学过程，撰写教案

由于微课时长的限制以及微课教师不能与学习者面对面交流的特点，本研究开发的习题讲解类微课主要采取讲授式习题教学。讲授法是高中生物习题讲解时常用的教学方法，主要依靠教师的语言，通过叙述、解释、推论等方式系统地向学生传授科学知识，发展学生的思维能力，引导学生分析和解决问题。这种教学方式有利于教师在有限的时间内让学生掌握大量的知识，获得科学的解题技巧。但这种以语言为主要传授途径的教学方式也很容易让学生产生听觉疲惫，不利于激发学生主动思考的积极性，所以在进行教学设计的过程中，教师要通过设置问题，引导学生在思考的同时理解相关知识点，使讲解具有启发性。在教学的过程中，教师如果需要回顾知识点或重新讲解知识点，仍可以利用在上课过程中用过的图片或动画等教学素材。

习题教学的最终目的是通过讲解某一道题使学生掌握解决这一类题的方法。教师在讲解习题时不仅要使学生对生物知识点掌握得更牢固，理解得更透彻，还要培养学生分析问题的能力和利用所学知识解决实际问题的能力，使学生能举一反三。

二、高中生物微课的制作

完成微课的设计后，教师应选择适当的视频录制方式完成视频的录制。目前，我国常用的微课制作方法可分为两类：一类是加工改造，另一类是原创开发。前者是指教师根据教学及学生的需要对网络上已经录制好的教学视频进行加工处理，如裁剪视频、加入字幕提示等，最终形成教师在教学过程中需要的微课。后者是指教师根据教学设计的需要，利用现代化信息技术手段自主完成微课视频的录制及相关资源的制作。虽然开发原创式的微课对于教师来说有一定的难度，同时也需要耗费教师一定的精力和时间，但原创开发式的微课更贴切教师个人的教学风格，符合学生的学习实际。

另外，原创开发式的微课也可以作为一种教学资源储存下来，在教学过程中能不断地被循环利用，这在一定程度上又节省了教师的教学精力，相对于传统教学通常也更能激发学生的学习兴趣，有利于学生对微观、抽象知识的理解和掌握，达到事半功倍的教学效果。

（一）微课的制作方法

分析国内外各类平台上的微课及其他学者的研究成果，发现原创开发类微课主要有以下三种制作方式：外录式、内录式和混合式。下面将从所需设备、制作流程、优缺点、注意事项等几个方面对这三种微课制作方法进行详细介绍。

1.外录式

外录式是指利用手机、DV 机、数码摄像机等具有摄影录像功能的外部设备将教师完整的教学过程录制成视频，经过后期加工编辑形成微课的制作方式。

设备配置：有摄影录像功能的外部设备、黑板、粉笔、视频加工软件。

制作流程：首先根据教学实际的需要由教师选定微课内容；然后教师对该内容进行详细的教学设计，撰写教案；选择适当的录制场所，调试设备镜头；利用黑板和粉笔开展教学活动，并进行同步摄制；最后对视频后期编辑加工形成微课。

优点：对设备的要求低，制作简单，场地常选为教师较为熟悉的教学环境，更能充分体现教师的教学水平，也可展示师生互动的教学活动。

缺点：拍摄时由于设备离教师较远，收音效果易受外界环境的影响。另外，由于拍摄的是完整的教学过程，难以扩充和修改中间的某些教学环节。

注意事项：镜头与教师的距离要适当，既要容纳整个教学过程，又要尽可能地使画面清晰。选择的录制场地要光线充足、环境安静，确保视频录制过程中不被外界环境干扰。另外，避免在镜头中出现与课程无关的内容。

2. 内录式

内录式是指利用录屏软件（如 Camtasia Studio、Screencast-O-Matic）将电脑屏幕及声音同步录制下来形成微课的一种录制方式。常见的内录式有两种：录屏软件＋PPT、录屏软件＋电子白板。

（1）录屏软件＋PPT

设备配置：电脑、耳机、麦克风、录屏软件、PowerPoint 软件、视频加工软件。

制作流程：教师在选定教学内容后进行教学设计并制作 PPT 课件，撰写录制视频的脚本；连接电脑耳机和麦克风，对设备进行调试；打开制作好的 PPT 课件和录屏软件，全屏播放 PPT 课件，根据事先写好的脚本同步录制教学过程；录制完毕后以常用的视频格式（如 AVI、MP4 等）保存微视频至指定目录；利用视频加工软件对视频进行后期的加工编辑。

优点：该录制方式仅需要一部带有耳麦的电脑，对设备的要求非常简单，录制方法也简单易学。另外，教师非常熟悉制作 PPT，学生也习惯于利用 PPT 来学习知识。

缺点：该录制方式是利用 PPT 课件展示教学内容，内容较为固定。另外，在该录制方式中，课程内容的呈现主要是靠教师的讲授，很难展现学生的学习活动。

注意事项：制作 PPT 课件时要注意颜色搭配和排版布局。在录制视频前要调试好与麦克风的距离，既不能太远导致收音效果不好，又不能太近导致呼麦出现杂音。在教学过程中教师的讲解与课件的播放要协调配合，也要避免鼠标箭头在屏幕上随意晃动，吸引学生的注意力。

另外，教师的语速要适中，太快学生难以听清，太慢学生容易出现疲倦。讲授的语言要尽量愉悦，最好要表现出一定的幽默感，让学生在没有教师监督的情况下也能自主认真利用微课进行学习。

（2）录屏软件＋电子白板

设备配置：电脑、耳机、麦克风、录屏软件、交互式电子白板、绘图软件、视频加工软件。

制作流程：教师在选定教学内容后进行教学设计，撰写录制视频的脚本；连接电脑耳机和麦克风，对设备进行调试；打开录屏软件和绘图软件，选取与背景色反差较大的颜色的画笔作为粉笔；开始录制教学过程。录制完毕后以常用的视频格式（如 AVI、MP4 等）保存微视频至指定目录；利用视频加工软件对微视频进行后期的加工编辑。

优点：该录制方式适合用来演示例题计算过程。教师可根据教学需要充分利用绘图软件更换画笔的粗细、颜色来强调或区别某些知识点，也可以利用橡皮擦功能擦除笔迹，还可添加多媒体素材内容等。

缺点：教学过程主要靠教师的口头讲授以及画笔记录，不适于系统性、微观性的知识讲解，也不能展示出教师的教学风采和学生的学习活动。

注意事项：画笔颜色和背景颜色要有反差，使笔迹清晰可见，强调或区别某些知识时不同笔迹颜色搭配要适当，在追求美观的同时要使强调或区别的内容明显易懂。另外，利用鼠标在电子白板上写字或画画较难，教师在录制之前要多加练习。

3. 混合式

混合式录制方式是将外录式和内录式两种微课录制方式有机结合，能根据教学需要灵活地切换展现教师风采或展示黑板和电脑屏幕的画面。但这种方式制作繁琐，需要教师备有较高的视频编辑水平，所需的时间和精力也最多，不适合一线教师经常使用。在尝试通过多种方法来制作微课后，录屏软件＋PPT的录制方式对于一线教师更为适用。该方法操作简单，需要的设备少。另外，PPT 是教师非常熟悉的一种授课工具，教师容易制作，学生也较易接受。

（二）微课的制作流程

1. 准备教学素材，制作微课 PPT 课件

根据高中生的学习特点以及所选主题的需要，教师应尽量多收集一些图片、

动画等素材，以此增加课程的生动性，激发学生的学习兴趣，让学生在学习知识的同时也能享受微课学习带来的愉悦感。

制作 PPT 课件是微课呈现的重要步骤，本研究选用的是 PowerPoint 2013 软件。在设计与制作课件时，要牢记微课的"以学习者为中心"的原则，根据学习者的认知特点，充分利用文字、图形、声音、动画等教学素材制作出符合学习者逻辑思维、能够促进学习者进一步思考的教学 PPT。教学 PPT 课件页数要适量，以清晰简洁为宜。同时，教师还应注意 PPT 课件的字体、字号、颜色要合理搭配，排版布局要美观，确保容易被学习者辨认、识别，同时给学习者美的享受。

2. 视频录制及后期加工

本研究采用 Screencast-O-Matic 录屏软件录制视频。用该录屏软件录制视频时，只需在打开 Screencast-O-Matic 软件的同时全屏播放制作好的教学 PPT 课件，并按照准备好的脚本讲授课程内容。教师在适当的场所一边演示 PPT 一边讲解进行视频录制，教师应注意调整好话筒的音量和位置，讲解声音应洪亮，语调要抑扬顿挫，发音应标准，从而取得清晰的录制音效。另外，教师讲解时要感情充沛，要用富有表现力和感染力的语言吸引学生的注意。

微课视频录制完成后，选择保存，之后利用视频编辑专家、会声会影等视频加工软件将视频做适当的剪切、合并等后期编辑或美化。如有需要，教师也可利用某些软件为微视频添加字幕，如视频编辑专家软件，让学生更容易获得教师语言中的学习信息。编辑完成后可选择生成 FLV、AVI、MP4 等常见视频格式，方便学生观看和下载储存。

微课制作完成后，将微课上传至班级的 QQ 群，利用大众社交工具 QQ 传播微课，使学生能很容易地获取微课资源，随时随地观看。学生学习后教师需要根据学生微课导学案的完成情况或采取个别询问等不同的方式来了解学生使用微课的情况。同时，结合教学的实际，教师应及时记录在微课开发和应用过程中遇到的疑惑或困难，并思考解决方案。

微课的开发是一项繁重的工作，一节优质的微课需要教师花费许多精力和时间，但通过以上步骤开发的微课能帮助学生在自主学习的环境下，突破固定场所、利用新的学习资源学到知识。

三、高中生物微课的应用

微课的开发是为了学生和教师，教师是连接学生与微课的一个桥梁。因此，教师使用微课的情况，也反映了微课对于学生的作用情况。调查得知，高中生物教师越来越关注质量较好的微课资源网站，教师之间能够实现优质资源的共享；高中生物微课内容的新颖程度是他们选择的重要因素；教师使用高中生物微课的频率逐渐增加，会向学生推荐优质微课；高中生物微课的利用率逐步提升，作用也在不断增强。大多数高中生物教师认为，高中生物微课有一个较好的应用前景，对微课的作用给予了肯定。

（一）高中生物教师选用微课情况

1. 获取渠道

调查结果显示，目前网上的微课资源多数是收费的，因此大多数高中生物教师在教学过程中使用的微课是：其他教师分享的（39.13%）、网上免费资源下载（34.78%）、学校统一使用（26.09%）、网上收费资源购买（8.70%）、仅 4.35% 为教师个人开发，这说明高中生物微课资源的主要来源还是免费与他人共享的，符合优质资源共享的理念。

2. 选择因素

高中生物教师在选择微课时首先考虑的因素是内容的新颖程度（34.78%），其次是视频内容丰富程度（26.09%）等，这说明高中生物教师在选择微课时考虑到的内容的比例要远远大于其他形式上的问题。

3. 微课资源共享情况

调查结果显示，多数高中生物教师会查看他人的微课（86.96%）以借鉴、学习他人的成果，并且有 73.91% 的高中生物教师会下载他人的微课使用。

（二）高中生物教师使用微课情况

1. 微课应用频率

调查结果显示，多数高中生物教师上课时会偶尔应用微课（78.26%），13.04% 的高中生物教师在教学过程中很少应用微课，只有 8.70% 的高中生物教师会经常应用微课。大多数高中生物教师应用的微课类型为讲授类（91.30%）、实验类（34.78%）合作学习类（17.39%）和探究学习类（17.39%），而自主学习类、练习类几乎没有。

2. 微课应用时段

高中生物教师在应用微课时大多选择课上讲授时使用（60.87%），很少选择在课前预习及阶段复习时使用。可能原因是学生自主能力较差，不能保证高中生物微课能够发挥较好的效果，而且还可能加重学生负担，而阶段复习时大多数高中生物微课可能不能满足教师需要达到的效果与要求。

3. 互动交流情况

绝大多数的高中生物教师不会留言与作者互动（91.30％）。52.17％的高中生物教师偶尔使用自己制作的微课，30.43％的高中生物教师很少使用自己制作的微课，只有17.39％的高中生物教师经常使用自己制作的微课。

（三）高中生物教师对微课应用认识情况

1. 微课的作用

43.48％的高中生物教师认为，微课能够促进教师的专业发展，如有利于教师之间的交流、教师课堂教学水平及教师的备课速度的提升等；34.78％的高中生物教师认为微课有利于学生自主学习能力的提升；还有高中生物教师认为微课能够促进优质教学资源共建共享（26.09％）和提高学生的学习兴趣（26.09％）；只有17.39％的高中生物教师认为微课有助于信息技术水平的提高。

2. 遇到的主要问题

调查结果显示，高中生物教师在应用时遇到的问题有：配套资源不齐全（34.78％）、现有微课资源质量不够高（26.09％）、学生自学能力不够（17.39％）及获取微课的资源网站不熟悉（17.39％），并且有4.35％的高中生物教师认为学生成绩提高得不明显。

3. 微课应用前景

总体来看，大多数高中生物教师对于微课的发展前景持肯定态度，未来应多加推广应用。

四、高中生物微课开发和应用的影响因素

（一）教师观念

调查发现，许多高中生物教师开发微课是为了参加比赛，所做微课更加注重比赛规则的评审标准，按照评审规则来制作和调整微课的设计。有些教师对于高中生物微课的时长及视频布局等形式的设计重视程度要高于内容的设计；有些教师制作高中生物微课是以盈利为目的的。微课资源建设的初衷与最终目

的都是要服务于学生，学生的需求才应该是教师需要解决的问题。大多数教师制作技术的不熟练，影响制作高中生物微课的效率而放弃制作微课，甚至有些老教师因对信息技术操作的不熟悉而不愿使用高中生物微课。因此，我们应鼓励教师接受新鲜事物，特别是教学经验丰富的老教师，他们的知识与经验是最为宝贵的，对于提高高中生物微课的质量有很大的帮助。

（二）学生态度

高中生物微课作用发挥的程度最终由学生决定，与学生使用高中生物微课的积极性有很大的关系。学校的课业十分繁重，学生可能不容易挤出时间观看高中生物微课，因此学生的学习效率就显得非常重要。有些学生为了应付教师和家长而观看，针对观看后的问题，不会与作者或教师进行交流，并没有达到最佳的学习效果。

（三）学校支持

近年来，越来越多的学校开始重视微课，购买制作微课的设备，鼓励教师开发微课，这在很大程度上促进了高中生物微课的发展。此外，学校可以呼吁高中生物教师在课堂上多使用微课，向学生推荐微课，增加微课的利用率。例如，学校优秀的学科带头人组织全组或全校的教师共同努力，开发出全面的、系统的高中生物微课资源，以便全体高中生物教师交流及学生使用。

（四）教学设计

调查发现，无论是教师还是学生，在选择观看高中生物微课过程中，都是注重内容多过形式，因此教学设计的新颖程度是十分重要的，这是吸引学生的重要部分。许多高中生物教师认为自己教学设计的新颖程度不够，没有吸引人眼球的内容。因此，应该投入精力对学习者进行分析，针对学习者的年龄和特点进行教学设计，使自己的教学设计足够新颖，能够迅速抓住学习者的眼球。此时，对教学内容的科学性、正确性要求比较高，要求精选内容合适、简单明了。

（五）微课质量

目前，高中生物教师开发的微课资源质量参差不齐，加之学生没有足够的能力分辨微课资源质量的好坏。如果所选的高中生物微课质量不佳，就会耽误甚至误导学生的学习。只有拥有较为科学的微课制作的参考建议，高中生物教师才能够有据可依，有方向努力。对高中生物微课的选题、课件制作、微视频的制作等有衡量标准，高中生物微课质量才有保证，保证学生的学习效果。

（六）配套资源

资源的完整程度将直接影响学习者对于微课的理解。调查发现，绝大多数的高中生物教师不太注重配套资源。而配套资源的缺少会对学习者理解高中生物微课的主要内容造成影响，不能更好地理解高中生物微课。因此，要加强高中生物教师在开发微课过程中对于微课配套资源的重视。

（七）制作技术

大多数高中生物教师对于微课制作的技术不熟悉，会出现镜头单一、表现形式不丰富、画面或声音不清楚等问题。拍摄技术及后期编辑技术的好坏，对高中生物微课的质量有很大的影响，很多教师因为制作微课的技术性问题与大奖失之交臂。教师制作微课技术的好坏直接影响到高中生物微课最终的呈现效果，影响学习者对于高中生物微课的选择，甚至影响学习者的心理情绪及学习效果。但是聘请专业教师制作，成本太高，而且有可能达不到自己心仪的效果。

五、应用微课的常见问题

（一）微课是否先写好语言稿底

根据需要来决定是否需要语言稿底。有语言稿底时，表达准确，不会出现随机发挥的表达不准、甚至表达错误的现象，但是表达生硬；没有稿子时，可能会出现表达不准、甚至不对的现象，但是语言比较亲切、自然。因此，微课是否要先准备演讲稿，要根据具体的需要。

例如，"花盆转暗箱转一起转"的微课，学生的重点在视觉上，听觉起到画龙点睛的作用，语言很少，所以就要提前反复斟酌，表达得既简练又清晰，最后用笔落到纸上。又如，分析食物网中"种群数量的变化"，把语言写到纸上和语言随机发挥的差别很小，不用提前写演讲稿。另外，微课中也可以部分用稿子，部分不用。

（二）微课与探究性学习是否相矛盾

微课像"灌输式"，探究性学习提倡学生主动探究，获取知识，所以有人提出微课应该是交互式的，学生可以对播放的微课进行操作、参与微课中教师的讲授。这种说法是站在学生参与课堂的角度。如果微课是为了解决问题，那么微课就不需要互动，不需要在微课播放过程中有学习者的参与，因为这个微课本身就是教师为了解决课堂中的这一重点、难点或疑点而录制的，必须有教师的出场和指导。所谓的互动是在课堂上、在探究中进行的。

微课的时长很短，不等于课堂，它不是全面的整节课的设计。交互性微课，与电子版作业有些雷同，学生完成作业之后，答案、得分等立即显示出来。但是微课制作时，采用师生对话的方式进行录音，效果相对较好。微课是探究式学习的有益补充，二者相辅相成。因此，微课是一种辅助手段，而不是全部。

（三）微课中能否出现"同学们"这样的词

微课中一般不用出现"同学们"这样的词。如果把高中生物微课用于课前学生自己预习和课后复习学习，微课是一对一的讲解与辅导，不会出现"同学们"这样打招呼的；当微课上传到网络，资源共享，供他人使用时，"同学们"这样的词句是不适合使用的词句。从微课资源角度来说，一般不用"同学们""大家好"等。教师看把微课录制设备想象成自己的孩子，讲课的过程就是跟自己的孩子对话的过程，这样录制的声音就会非常和蔼、自然、亲切。

六、微课在高中生物课程中应用的对策与建议

（一）构建微课网络发布平台

我国国内网络平台的构建逐渐完善且多以参赛平台为主，但高中学校主要以微信、QQ等平台为主要信息发布平台，不利于学生对微课课程的检索和保存。因此，构建网络发布平台对微课在高中生物教学中进一步发展至关重要。可以使学生随时搜索目标微课并反复观看，还会使微课课程更具系统化。

（二）鼓励教师组建微课开发团队

尽管越来越多的一线教师已经开始开发微课，但大多数是以个体形式进行，耗时大、品质欠缺，微课数量十分有限。因此，鼓励教师组建微课开发团队不仅可以节省制作时间，还有利于提高微课品质，增加微课数量。另外，应组织教师进行微课制作的相关培训，提高教师的微课制作技术，为制作高品质微课打基础。

（三）制定适于微课学习的管理制度

如今，随着网络直播课、远程教学等线上教学系统的完善，微课作为一种新型辅助教学方式不仅可以实现"因材施教"，还可以培养学生的自主学习能力，微课被用于高中教学已成为大势所趋，将越来越受师生欢迎。目前，学校的管理制度不利于学生利用移动设备进行微课学习，学校应在保证学生学习环境的

基础上，制定适于微课学习的管理制度。比如定时开通网络，为学生发放手机等移动设备来鼓励学生学习微课。

（四）加强学生家长对微课的重视程度

由于微课学习需要利用手机、电脑等移动设备，学生家长为避免学生被手机中的网络游戏迷惑，往往杜绝学生使用移动设备，阻碍学生学习微课。另外，家长对"微课"的了解较少，重视程度较低，因此应加大对"微课"的宣传，加强家长对微课的重视。

第三节 高中生物课堂教学式微课案例

一、生物学微课教学设计的流程

（一）分析教材

由于教材的版本不同，所以知识点对应的位置和章节也就有所不同，但知识点之间是存在一定逻辑思维的，对教材进行准确分析可以使教师从整体上把握课本的整体内容，有利于知识点之间的连贯。

（二）确立目标

教学目标是按照课标要求，学生的实际学习情况，认知发展特点及教材分析的基础上所确立的。教学目标不可太空，应该明确具体、符合实际，教学目标制定的好坏在很大程度上影响了整个教学过程的设计，整个教学过程是为了完成课标要求的教学目标。只有对目标进行明确之后，才能够顺利实施后续流程。

（三）确立重难点

在教学过程中，按照学生的理解掌握程度，以及课标考试的要求，划分课本中的知识点，有一级、二级等知识点。然而，难点不一定是重点，重点也不一定是难点。课本内容中有学生要掌握的重点和要突破的难点。在对重难点内容进行分析时需要教师从整体上把握知识框架，对新课标的理解和研究程度高。

（四）设计教学思路

教学设计不是简单一概而论，要具体问题具体分析。采用的课堂授课方式，包括开放式的教学活动建构多维互动的课堂，学生通过小组讨论、等开放式的教学活动，以分析、互动等手段来对多维互动的课堂进行构建。合作探究新理念引导学生学习教材内容，对所要学习的内容学生可以自主学习和合作交流，教师是教学过程中的组织者与引导者，注重学生的综合发展，多元化的涉及所学内容。

二、高中生物课堂微课应用案例

（一）知识讲授类微课应用案例

知识讲授类微课按照不同的教学内容，可以用于课前导学、课中辅学和课后助学等任何模式。《光合作用的探索历程》微课应用过程如下。

（1）应用对象：赤峰市林西一中高一（5）班、高一（3）班学生。

（2）应用模式：课前导学。

（3）应用过程：课前发放提前设计好的"光合作用的探索历程"学生自学清单，待学生课上阅读完毕后，开始播放微课视频；播放至6：09时暂停，请学生根据视频内容尝试总结光合作用反应式；继续播放至结束；最后，请学生完成自学清单中的课堂小结，并填写问题与建议。

（4）案例总结："光合作用"是整个必修一乃至高中生物学中的重点、难点，要想将这部分知识弄明白，在学习之初要保持高度的学习热情，浓厚的学习兴趣。"光合作用的探索历程"是"光合作用"的第一个知识点，将其制作成微课的形式并在课堂教学中进行应用有以下三个目的。

其一，按照探索历程，自己推断光合作用的反应式。这是光合作用部分的关键知识点，通过这样的方式，学生无须死记硬背便可以掌握，而且印象深刻。

其二，以视频的形式介绍光合作用的探索历程，提高学生的学习兴趣，集中注意力，啃下"光合作用"这块硬骨头。

其三，讲述光合作用发现的历程，使学生走近伟大的科学家们，体会科学研究的道路之艰辛，培养科学探究的精神。

本节微课在应用的过程中得到了比较好的效果，大部分学生都可以跟随教师的步伐，认真观看并完成学习任务。在其后的小测验、单元检测中，实验班级的学生将光合作用反应式写错的寥寥无几，而且很多学生表示"光合作用的探索历程"是最喜欢的一节微课。然而，也有一部分学生表示，"光合作用的探索历程"并不是本章的重点内容，也很少在高考中出现，没有必要做成微课形式。

（二）习题讲解类微课应用案例

习题讲解类微课大多适用于"课后助学"模式，不过，有时也可以用于习题课上，采用"课中辅学"模式。本次研究开发的三例习题讲解类微课，"蛋白质的相关计算"和"影响光合作用的环境因素"用于"课后助学"，"有丝分裂过程中DNA的变化规律"用于"课中辅学"。

下面以"蛋白质的相关计算"为例，介绍此例微课的应用过程。

（1）应用对象：赤峰市林西一中高一（3）班、高一（5）班学生。

（2）应用模式：课后助学。

（3）应用过程　课下发放提前设计好的"蛋白质的相关计算"学生自学清单，要求学生课下自行观看微课，并填写自学清单，家长负责监督，并在班级微信群中反馈学生的完成情况。获取微课的方式有以下几种：有U盘的同学可以在下课时携带U盘拷贝；有手机、平板等设备的同学可以扫描二维码获取微课；通过百度云盘分享。

（4）案例总结：蛋白质的学习主要包括三部分：氨基酸及其种类、蛋白质的结构及其多样性和蛋白质的功能。

其中，学生通过观察和讨论，很容易理解氨基酸及其种类；"蛋白质的功能"与现实生活紧密联系，教师可以通过举例子的方式，帮助学生理解和记忆。蛋白质的结构及其多样性是高一年级学生学习的难点，甚至是高三学生复习的难点，而且还是高考的重要考点。

第六章 基于学科素养的高中生物课堂教学评价

随着课程改革的深化和推进，"核心素养"应运而生，这一概念的提出意味着教学理念要更新、教学方式要转变、教学评价要变革。其中，教学评价的变革很关键，其旨在扭转不科学的教学评价导向，进一步健全高中学生综合素质评价制度。本章分为课堂教学评价的含义与作用、基于"三维目标"的课堂教学评价、基于"生物学学科核心素养"的课堂教学评价三部分，主要内容包括课堂教学评价的含义、课堂教学评价的作用、高效生物课堂教学评价的相关理论等方面。

第一节 课堂教学评价的含义与作用

一、课堂教学评价的含义

（一）什么是评价

"评价"这一词，在《现代汉语词典》中的解释为"衡量人或事物的价值"。《宋史·戚同文传》也有"市物不评价，市人知而不欺"的记载。"评价"一词在汉语词典里的意思是"评定其价值"，故其与"价值"具有密切的关系。

对世界考试制度产生深远影响的是我国隋朝建立的延续了 1300 多年的科举制度。20 世纪初，美国先产生了现代意义上的教育评价。其中，有着"教育测量之父"之称的桑代克所提出的"凡是存在的东西都有数量，凡有数量的东西都可测量"的理念具有代表性意义。

（二）什么是课堂教学评价

关于课堂教学评价，学者们站在不同的角度，从不同的方面对此开展了研究。叶澜教授指出：从教育实践中，尤其是课堂教学的"沙漠化"状态出发而主张的焕发的"精神生命"。这一主张的"生命性"是针对我国基础教育中普遍存在的重科学知识传授和技能训练，轻学生个体在生命多方面发展价值的弊端提出的。

朱慕菊在《走进新课程——与课程实施者对话课堂》里说：教学评价就是确立方向，运用手段，收集信息，对教学做出判断的过程。总而言之，课堂上教师怎么教，学生怎么学，这就是课堂教学评价的本质，学生的学习状态应该是评价的重点，由此去审视其他的方面。对评价的价值取向，有人将其分为目标取向的评价、过程取向的评价、主体取向的评价三种。

课堂教学评价包括评价主体和评价客体。

1. 评价主体

有人将评价主体分为教师同行、教学专家、学生以及教育行政管理者等。还有人将评价主体分为核心主体与其他主体两大类，核心主体则由授课教师、同行和其他学科的骨干教师、学校的领导及教育教学的专家组成，其他主体有学生、社会人士与学生家长。

2. 评价客体

有人将课堂教学评价的客体称作一个系统，该系统由教学程序所有的因素组成，包括教学目标，教学重、难点，教学操作过程以及教师与学生的互动，相互关系等。

二、课堂教学评价的作用

课堂教学评价的过程不仅仅是对教师的课堂教学进行评价的过程，更是激励教师有目的性、有针对性地不断学习、改进、提高的过程。开展课堂教学评价主要有以下 4 个方面的作用。

（一）具有导向功能

课堂教学评价体系的建立和实施，可以充分发挥评价的导向作用，促进教师尽快转变教育思想，在课堂教学中充分发挥教师的教育创新意识，达到改进课堂教学的目的。建立评价体系意味着对课堂教学中与教和学相关的各种因素的选择和侧重点不一样，这些不一样将促使教师在今后的课堂教学中，更加注重评价所侧重的各种相关因素，并将其作为课堂教学中展示和发挥的重点，发挥评价的导向功能。

（二）具有促进功能

课堂教学水平和能力是教师立足的基点，如何有效提高教师的教学水平与能力是教师教育最重要的课题之一。课堂教学评价可以为教师提供一个能够科学了解自身教学状况的窗口，使其明了自己教学中存在的不足和今后努力的方向，为教师的专业发展提供平台。就基于核心素养的新课程改革中存在的教师的适应性问题而言，课堂教学评价尤其是发展性的课堂教学评价，正是保证学科核心素养能够顺利实施，促进教师专业发展的重要方法。

三、高中生物课堂教学评价的相关理论

高中生物课堂教学评价的相关理论无疑为本课题的开展提供了理论基础，在理论的指导下，我们发现现存课堂教学评价的问题，综合分析，然后重构教学评价的新策略。高中生物课堂教学评价的理论主要包括高中生物课程的基本理念和对高中生物课堂教学评价的建议。

（一）高中生物课程的基本理念

它对生物课程的基本理念做了明确的阐述。

1. 面向全体学生

《普通高中生物课程标准（实验）》[1]的内容灵活不统一，各个学校可以根据自己的具体情况寻求最适合本校学生的发展方向。它着眼全体学生，促进学生全面发展。

2. 倡导探究性学习

生物学科是自然科学的范畴，它是多个学科知识交织形成并发展起来的一门学科，学生必须通过自己的探究才能真实体会、了解生物的知识。而传统的学习方式过于注重学生接受知识、识记知识，学习被动消极，这种学习方式很显然不能满足现今生物课程的学习。《标准》提倡探究性学习，强调学生学习积极主动，大胆创新，勤于动手收集相关信息，将自己的想法付诸行动，以此来获得生物学感悟。

---

[1] 以下简称《标准》。

3. 提高生物科学素养

21 世纪是生物学的世纪，在过去几十年，生物学的发展突飞猛进，它是发展速度最快的学科之一。教育的一个重要任务就是普遍提高公民的基本生物科学素养，它要求人们掌握基本的生物学观点理论，用生物的观点去认识世界，去参与日常生产、生活。

4. 与实际生活紧密结合

自然科学讲究事实，而很多事实都来源于现实生活。生物学科与现实社会紧密联系，深深扎根于日常生产、社会实践中。《标准》要求学生立足于现实，在生活真实感受中学习生物知识，形成生物观点，用以解决生活问题。这样能让学生提早了解社会，为早日踏入社会做好准备。

（二）新课程标准对高中生物评价的建议

生物课堂教学的评价要符合《普通高中生物课程标准（实验）》的四项基本理念，生物是一门研究生命现象与生命活动规律的学科。生物教学要提高学生的生物素养，掌握理论，并用之去看待日常生活的现象。这就需有合理正确的课堂教学评价，《标准》对此有明确的阐述。按照《基础教育课程改革纲要（试行）》的要求，对中学生物课堂教学评价，我们需从以下几个方面来进行。

1. 对实验操作的评价

除了对知识目标达成的检测之外，实验操作技巧的检测也十分重要，这是由生物的学科特点决定的。对实验操作的检测要罗列出需要检测的要素，之后核对学生在操作过程中是否表现出这些要素，以及这些要素表现的质量怎样，然后一一记录。

2. 对探究能力的评价

生物学科教育的基本任务是提高探究能力，对学生探究能力的评价非常重要。教师要根据不同的探究活动来设计相应的评价策略。

3. 对情感态度和价值观方面的评价

新课程改革十分重视培育学生的情感态度和价值观，《标准》在这方面的评价建议里阐述了既可以对学生个人进行评价，也可以对整个学习小组进行整体评价，评价的方式既可以定量给分，也可以用客观的词语来描述学生的学习行为、兴趣、态度等。

4. 用不同的方法评价不同的教学方式

教学和评价是一个整体，不同的教学方式要用不同的策略来评价，不可用千篇一律的评价方法来评价形式各异的教学方式，要充分认识到每种教学方式的特点，具体问题具体分析，这样才能找到它们各自的优缺点，发挥它们最大的优势。

5. 善用笔纸测试来检测学生的知识掌握情况

传统的笔纸测试是我们最常用的测试方式，也是检测学生知识目标掌握情况的最有效方式，在我们提倡测试方式多元化的新课程改革浪潮中，它依然占据非常重要的地位。

6. 重视学习过程的评价，建立学生学习记录卡

学生学习记录卡不仅可以让教师了解学生的学习成长经历，还能让学生及时反馈，发现自己学习的问题。教师可以根据自己班上学生的具体情况自行设计。原则上，学习卡只在教师和学生间交流，一般不对家长和其他人公开。

第二节　基于"三维目标"的课堂教学评价

一、什么是高中生物的"三维目标"

新颁布的高中生物课程标准把教学目标划分成"知识目标、能力目标、情感态度价值观目标"三个维度。这也是高中生物课程的具体目标，是新课程推进生物科学素质教育的根本体现，它使生物科学素质教育在课堂教学中的落实有了重要的抓手和坚实的操作性基础。

知识目标立足于学生掌握所学基本生物学知识，目的在于促进生物学知识进入个人和社会；能力目标立足于学生会利用所学生物学知识，逐步培养生物学实验基本操作技能、搜集和处理信息的能力、获取新知识的能力、批判性思维的能力、分析和解决实际问题的能力，以及交流与合作的能力；情感、态度与价值观目标立足于认识生物科学的本质，理解科学、技术、社会的相互关系，以及人与自然的相互关系，逐步形成科学的世界观和价值观。

二、当前高中生物课堂需要认清的几个问题

（一）生物学教育的情感态度与价值观

新课程既然增加了情感态度与价值观这一维度的目标，那么，学生的情感态度与价值观如何体现呢？生物课上"学生们想知道，爱提问"这样的状态就是情感态度与价值观处于较高水平的体现，"想"与"爱"反映出来的是学生生物学习动机水平高，是学习内在驱动力的体现，这不是一两节公开课"作秀"就能简单实现的。目前的灌输式教学模式和题海战术也会与这一目标越来越远。那么如何实现呢？关键还在于教师主导性作用的发挥。首先，我们教师必须关注学生的情感，切忌忽视学生的需要，盲目地灌输知识，并以权威自居。

（二）学习质量和创造性发展

在当前的考试模式下，素质教育和应试教育的矛盾始终存在并困扰着我们教师的教学行为。随着新课程的深化，我们对学生的学习需要越来越关注，注重调查、统计学生学习过程中存在的问题，并从问题出发引导学生解决问题，学习质量得到了有效提升。不过，这样做是不是很完美呢？是培养了人才吗？显然这样的做法是不够的，我们不仅要能够帮助学生发现问题、解决问题，还要去发现学生身上的发展条件，去挖掘学生的长处，促进学生的积极体验，引导学生不断地去挑战自身的思维极限，享受生物学习的幸福感。如何实现呢？我们在备课的时候要关注当前生物科技的最新动态，要关注学生感兴趣并能够学好的内容，精心预设；课堂上关注并注重调节学生的心理状态，保证学生在整个课堂学习过程中始终都有良好的学习状态，最终进一步发展学生的优质能力、求知欲和创造力。

（三）学习习惯的培养

学生一旦形成了良好的学习习惯，那么不愁不能获取知识，也得实现"教是为了不教"的目的。"良好的学习习惯"所反映的恰恰就是学生积极的学习心理和显性化的情感态度。

三、当前生物课堂落实三维目标的主要问题

新课程标准中规定，教学要落实"三维目标"，即"知识目标、能力目标、情感态度与价值观目标"，也体现了以学生为中心、以学生为主体、以学生掌握为目标的要求。

如何让新课程改革下的生物课堂真正实现"三维目标"，真正实现提高生物科学素养这一核心任务，这是所有教育工作者应该思考和探究的问题。首先来谈论一下通过教学实践和调研发现的有碍"三维目标"实现的一些问题。

（一）简单的说教、知识的罗列

举例来说，高中生物必修一中"光合作用的发现历程"这一节课，通过学生自己读材料，然后分组让学生自己讨论普利斯特利、英格豪斯等的实验，分析其现象、讨论其原理，能有效地训练学生的探究能力，并激发他们的探索欲望，认识到科学发现的艰辛等情感目标。但某校的王老师讲解时，仅仅是按照时间顺序，介绍了各位科学家的实验，分析了其原理，并一字不差地板书了各个实验。没有学生自主的探究、讨论，如何能落实三维目标呢？

（二）死板的导课，乏味的课堂

还是举例来说，高中生物必修二"伴性遗传"中性别决定知识点引入的时候，某校李老师直接说"下边我们来看一下有关性别决定的问题"。完全没有提起学生学习的热情，又谈何实现三维目标呢？我们可以通过一些小玩笑，例如在讲解的时候给学生说到，老师出生以前，父母一直希望是个女孩子，可是出生以后，我的妈呀，是个男孩，母亲因此失望了这二十几年（学生大笑）。那为什么期望生女孩，实际却生了男孩呢？我们来学习性别决定的有关知识。这不仅激发了学生的学习热情，活跃了课堂气氛，轻松导入新课，还通过设问，拓展了学生的思维空间，让他们体会到生活离不开生物科学的知识。

（三）没有有针对性的提问，使讨论流于形式

生物是研究生命现象和生命活动规律的科学，它与我们的日常生活、医疗保健、环境保护等方面密切相关。我们在教学中可以按照不同的教学内容，设置不同的情景和问题，以问题教学为中心，最大限度地提高学生的自主探究能力。例如，在讲解高中生物必修二"基因突变"这一节时，我们可以设置以下问题：①正常血红蛋白究竟出了什么问题？②第6位上的谷氨酸被缬氨酸取代的根本原因是什么？③DNA分子中的碱基对还有哪几种变化，会导致基因结构的改变？④基因突变的三种方式哪一种对生物性状的影响最小？⑤基因突变是否一定改变生物性状？⑥基因突变是否一定会遗传呢？最后，通过师生、生生的互动，完成教学目标。这种以问题为线索的教学方法不仅有利于培养学生的参与、交流、合作以及创新等能力，而且还可以使学生的求知热情得到有效激发。

四、促进三维教学目标有效达成的具体策略

（一）以生为本，构建立体化的学习模式

学生是教学的主体，我们的高中生物教学所有的活动环节都应该与"学生"进行交互、作用，具体模式如图 6-1 所示。

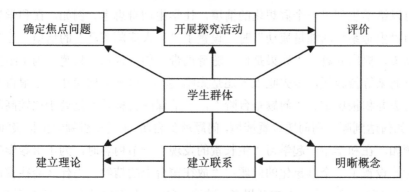

图 6-1　立体化学习模式

从图中我们可以清晰地看到，在任何一个教学步骤中都体现出了学生的学习主体性，学生从焦点问题、探究过程、建立理论等多个维度深化对概念的意义建构。

（二）营造心理轻松的课堂气氛

有效的教学模式能够促进学生有效达成知识和技能、过程与方法目标，对于学生情感目标的达成首先就离不开轻松学习环境的创设。实践经验表明，轻松和谐的课堂气氛能够给学生带来积极的情绪情感体验，而这正是学生良好个性发展和良好行为习惯形成的基础。

首先，我们的生物课堂要使用逻辑严谨的语言，因为生物学是自然科学，自然科学是严谨的，但切忌枯燥，除了严谨外，我们的语言还应该抑扬顿挫、声情并茂，要富含信息量，要能唤醒学生的学习欲望。

其次，要把握好与学生对话、交流的语言节奏，让学生感受到"井然有序""简洁"又"充满韵律"。更重要的是，要让学生感受到生物学习的真实性和美感，生物学源自对生活的观察，生活不缺乏美，对于生物学原理如果缺失了理性的介入和善意的表达，学生大多是提不起兴趣的，突围的办法就是回归生活，用具象化的语言和情境还原生物学的美。

实践经验表明，构建心理轻松和谐的课堂气氛能够达到协调认知、协调情感、协调行动的多重功效。

（三）创设生动具体的学习情境

学生的学习是自主探究规律和找寻知识间联系的过程，而为了提高学生学习的有效性，就离不开生动具体的学习情景。如何设置情境呢？"我思故我在。"我们可以给学生创设一个假想化的情境，让学生切身思考。例如，在和学生一起学习"生态系统的能量流动"时，设置了"一人流落荒岛"的情境，让学生融入情境，提出问题："如果是你，随身携带一袋玉米和一只鸡，为了维持更多的时间来等待救援，是先吃玉米还是先吃鸡？"这样的情境让学生很自然地融入进去并积极思维。"问题是台阶"，一节课的目标其实是处于比较高的位置的，如何达到呢？用问题设置情境，问题就如台阶、梯子，引领学生拾级而上。

例如，在和学生一起学习"生长素的发现"一节内容时，为了引导学生走向目标，设置了一个具象化的问题："放在窗台上的植物，为什么会往窗口的方向长？"学生就这个问题展开思考、讨论、交流，在学生讨论、交流的基础上，给学生呈现科学家们做的系列实验，然后再引导学生讨论和交流，最终踏着问题，学生实现了知识的内化和智慧的升华。

再如，"探究酵母菌的呼吸方式"的教学，在学生预学的基础上，为了拨正学生思考的方向，可以提出如下问题：①如何控制有氧和无氧的条件？能不能试着画出装置图？②怎么检测两种条件下酵母菌的呼吸产物？产物量的多少怎么比较？③有哪些干扰因素，又该如何排除？

总之，我们的高中生物教学要将孩子培养成为有教养、充满幸福感的人，而不是仅有知识能够考试的考生，为了实现这一目标，需要教师善于运用积极心理学的理念，善于引导学生科学地探究和积极地思考。

（四）多种教学方法相结合

生物教学中，可以使用的教学方法很多，我们不仅可以使用教师们最常用的讲授与谈话教学法，而且还可以使用演示教学法。在教学过程中，教师向学生展示与教学内容相关的活的生物、标本等直接的直观教具，进行示范性的实验，以及展示挂图模型等间接的直观教具，使学生理解知识、培养能力以及情感体验。除此之外，我们还可以使用生物学实验教学法，来创造一定的条件，通过必要的药品，使肉眼不易观察到的对象或现象直接或间接地显示出来，使学生获得知识，培养能力并得到情感体验。

（五）快乐有效地导课

俗话说，"良好的开端是成功的一半"，教学也是如此。生物教学中导课的方法也很多，例如可以采用问题导入，以疑为始，精心地设置疑问，鼓起学生思维的风帆；可以以故事导入，采取寓意深刻而又幽默的故事导入；还可以设置悬念、设置情景，轻松地导入新课；时间允许的话，我们甚至还可以实验导入。总之，导课没有固定的方法和形式，不同的教学内容、教学对象，我们选取不同的导入方法。

五、三维目标导向下生物课堂教学的评价

（一）生物学知识目标与评价

生物学知识目标主要包括获得生物学基本事实、概念、原理、规律和模型等方面的基础知识，知道生物科学和技术的主要发展方向和成就，知道生物科学发展史上的重要事件。了解生物科学知识在生活、生产、科学技术发展和环境保护等方面的应用等。知识目标包括了解、理解和应用三个层次。知识目标是最适合采用纸笔测试进行评价的目标。

1. 了解水平的目标

（1）对知识的记忆

记忆要求可以按照线索从长时记忆中进行知识的提取，记忆包括再认和回忆。记忆是一切学习的基础，但在考试中不应设置太多记忆类的试题。

（2）对知识的简单理解

比如举一个原生动物的例子，举一个行为信息的例子，列举一项有丝分裂的特点等。这些试题要求可以通过举例的方式来简单地认识某些生物学问题。

2. 理解水平的目标

考查理解水平的命题方式主要有转化、比较、解释、预测以及推论。

（1）转化，是指将信息从一种表征形式转化为另一种表征形式，比如将图（表）转化为文字、文字转化为图形、文字转化为文字等。

（2）比较，涉及对被比较对象相似性的理解。当比较与标准联系起来时则形成区分。

（3）解释，按照掌握的知识说明某一生物学现象出现的机理。

（4）预测，按照掌握的知识说明在某一条件下可能导致的结果或出现的现象。

（5）推论，指理解试题资料的含义，归纳、总结、概括得出结论。

3. 应用水平的目标

（1）在新情境下使用知识

这种类型的试题要求考生可以把学过的概念和原理合乎规则地在新情境中进行运用，使用的形式包括推理、计算、解决现实问题等。实际上，这一过程是知识的迁移过程。命制这类试题的重点是对不同于学习情境的新的试题情境进行创设。

（2）设计与拟定

这种类型的试题需要总结概括在个别案例中学习的规律和方法，形成一般性的原则和方法，并将这些原则和方法运用到新的领域。

（3）分析与评价

分析是将材料分解为它的构成部分，以及确定部分与部分、部分与整体之间相互关系的过程。

（二）生物学能力目标与评价

1. 实验技能

实验技能可以分解为认知部分的实验程序和方法与动作技能的实验操作部分，认知部分可以采用纸笔测验的方式测量，而实验操作部分则适合采用操作类试题测量。

（1）纸笔测验题

通过纸笔测验可测试学生对实验原理、实验方法和实验结果的记忆和理解，以及对实验数据的处理、对实验结果的解释或预测，也可以对设计实验方案进行考查。

（2）辨认测验题

这是一种接近真实或部分真实情境下进行的实验评价题。例如，在实验室情境下，要求学生辨认一套生物实验器具，并指明它们的功能；给考生提供一些植物标本，让其辨认所给标本的类型。

（3）操作考试题

《生物课程标准》在评价建议部分指出"根据学生实际操作情况，评价学生的实验操作技能"。对于强调操作的实验技能，操作考试题才能甄别考生是否真正掌握了相关技能，所以操作考试应当成为实验技能考查的主要形式。按照限制条件的多少，实验操作题大致可以分为限制型和拓展型两种类型。

2. 科学探究技能

《生物课程标准》将科学探究能力定义为包括 11 项能力的能力系统。科学探究的方法可以是实验式的也可以是非实验式的，科学探究的过程涉及认知领域也涉及动作技能领域。认知领域部分可以用纸笔测验的方式考查，操作部分只能通过实践活动考查。

（三）情感态度价值观目标与评价

知识目标与能力目标相对容易评价，情感态度与价值观的评价是个难点。这一维度的目标不适合采用纸笔测试评价，更适合通过访谈、调查、观察等方法考查。表现性测验通过观测行为表现对学生的学习结果进行判断，可同时考查知识、能力、情感态度价值观目标，所以情感态度领域的教学目标的评价常使用表现式任务。比如，在生物实验操作考试中观察学生是否爱护实验用具、实验结束后是否将实验用具摆放整齐、清理好实验废弃物等。

纸笔测验虽然不适合考查情感态度价值观目标，但可以通过试题渗透情感态度价值观的目标因素，对学生进行引导。比如，在设计试题时关注生物科学知识在生产生活实践中的应用，引导学生体会生物科学知识的应用价值；设计试题时关注环境保护，引导学生意识到自己的责任。设计试题时关注实验结果与实验结论的关系，引导学生树立实事求是的科学精神等。

落实三维目标是中学生物课程的核心任务，而考试评价既是检查课程目标落实程度的重要手段，也是督促课程目标贯彻落实的有效途径。随着第二阶段新课程改革的深入发展，准确把握课程目标的含义，并将考试目标与课程目标准确对接，既是提高考试与评价科学性的客观要求，也是促进新课程目标落实的现实需要。

第三节 基于"生物学学科核心素养"的课堂教学评价

一、基于核心素养的教学与评价的理论基础

（一）相关概念的界定

1. 教学评价

教学评价是以教育目的和教学目标为依据，在具体的问题情境中，按照科学

的评价标准，通过对被评价者的观察、分析与判断，来检验教学目标的达成情况，指导以后的教育教学工作。不管是对教师的教进行评价还是对学生的学进行评价，其宗旨都是促进学生的全面发展。教学评价的对象是有意识的、有很强主观能动性的人，所以在开展教学评价的过程中要关注和尊重个体的差异性，不仅每个个体都有其存在的意义，而且每个个体都处在其自身发展的一个特定的阶段。因此，在评价时要关注个体发展的全过程，评价要为个体今后的发展指明方向。

2. 核心素养与生物学核心素养

素养是指个人平时的修养，广义上来说它包括思想品德、知识与能力、行为习惯等方面。这些能力是可以由训练或者实践练习而获得的。而核心素养是素养中的最关键、最重要、最核心的那一部分，它是每个人发展自我，融入这个社会和胜任自己的工作所必需的素养，是现代社会所必需的关键的素养。国外很多国家和地区对核心素养的概念进行了界定。联合国教科文组织：核心素养指向终身学习，并提出"学会做事、学会求知、学会改变、学会共处、学会发展"五大支柱；经济合作与发展组织：素养是指在特定的情境下，通过调动心理社会资源，以满足复杂需要的能力；美国：核心素养主要指所有学生或工作者为满足 21 世纪社会需求都必须具备的能力，也称"21 世纪素养"；欧盟：核心素养是指一个人在知识社会中可以达到自我实现、融入社会以及成功就业所需要的素养，是知识、技能和态度的综合。此外，我国教育专家及其研究组也对核心素养概念进行了界定，诸宏启教授的观点和美国观点比较接近，他认为核心素养是人为了适应 21 世纪的社会变革而应该具备的关键素养。林崇德对核心素养的界定是比较符合我国教育实际的，即：学生在接受教育的过程中，逐步形成的适应个人终身发展和社会发展需求的必备品格与关键能力。综上所述，核心素养是在一定的社会条件下，学生应具备的基本知识与技能、解决问题的能力及所掌握的相对稳定的思维方式与方法，是学生终身发展的必备品格和关键能力。生物学核心素养是具体的学科核心素养，生物教师不仅要理解核心素养的概念，更应知道生物学核心素养是什么。

3. 基于学科核心素养的教学评价

教学评价是基于核心素养的教学评价，评价目的在于检验学生核心素养的达成情况，促进学生的全面发展。目前没有一种单独的评价体系是针对核心素养的评价，但可以清楚的是，核心素养评价的逻辑起点就是教育的本质目的和以学生发展为本。核心素养的评价应将定量和定性评价相结合，如科学思维这一核心素养的评价具有可量化性，社会责任这一核心素养的评价却难以量化，需结合定性评价。核心素养的评价不是独立进行的，比如问题解决能力的评价牵涉面对问题的态度，面对问题时学生的心境等。核心素养的评价是多角度的，包括知识与技能、过程与结果等。

（二）建立评价体系的理论依据

1. 多元智力理论

多元智力理论是美国心理学家加德纳提出的，他认为智力是在某种文化环境的价值标准之下，个体用以解决问题与生产创造所需的能力。基于多元智能的教学评价，应该关注学生发展，这种发展是智力因子的全面发展，不是某个因子的发展。核心素养是在一定的社会条件下，学生应具备的基本知识与技能、解决问题的能力及所掌握的相对稳定的思维方式与方法，是学生终身发展的必备品格和关键能力。这些必备品格和关键能力是多种品格和能力的集合，它不可能是一种智力的简单叠加，需要多种智力巧妙地结合。基于核心素养的教学评价应该是多维度的，要真实反映学生的能力，要评价学生各方面的智力。

2. 素质教育理论

素质教育是按照人的发展和社会发展的实际需要，以全面提高学生的基本素质为根本目的，以尊重学生的个性，注重开发人的身心潜能，并注重形成人的健全个性为根本特征的教育。"素养"与"素质"是同义词，素质教育理论是核心素养研究的基础，理解素质教育对理解核心素养的教学与评价有一定的帮助。基于核心素养的教学评价应关注学生的全面发展及个性发展，关注学生各方面能力的形成而不只是成绩，关注学生的思想品德及心理健康。

3. 建构主义学习理论

建构主义学习理论不是一个特定的学习理论，是许多理论观点的统称，它的内容很丰富，建构主义在学习观上强调学习的主动性、社会互动性和情境性三个方面。建构主义认为教师不只是学生学习的指导者、设计者，教师还是学生学习的帮助者、合作者。教师在教学实践中要重视学生对各种客观现象的理解，要倾听学生的想法，弄清楚学生这些想法的源头，并以此为依据，引导学生丰富或者改变自己原有的想法。综上所述，建构主义的核心可用一句话来概括：以学生为中心，强调学生对知识的主动探索、主动发现和对所学知识的主动构建。教师在教学过程中创设的情境，是一些有助于学生探究思考任务的情境或活动，在这个过程中，教师需要不断评价学生的认识或理解、疑虑或困惑，并根据评价所获得的信息及时调整教学活动或者任务。这样一来，教学评价和教学过程就相依相随了，这样的课堂评价才能有效培养核心素养。

二、三维目标与学科核心素养教学目标的比较

（一）目标系统的变化

进行教学目标设计的前提条件在于厘清教学目标的层级关系。随着时代背景的变化，也相应地改变了教学目标的层级，如图 6-2 所示。随着课程理念的转变，使课程目标由"三维目标"向"学科核心素养目标"进行了转变。课程目标的变化影响具体教学目标的制订，所以教师进行教学目标设计时，只有对教学目标层次加以明确，才可以避免课程目标与具体教学目标的混淆，逐级分解教学目标，设计具体的单元或者课时教学目标。

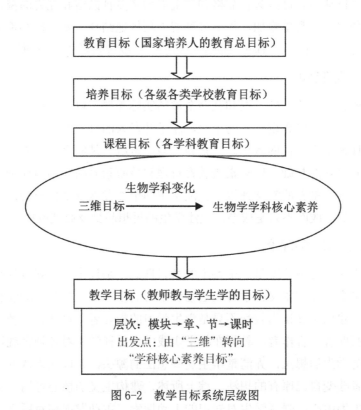

图 6-2　教学目标系统层级图

（二）课程理念的变化

课程理念引领教师进行教学设计，教学目标设计是教学设计中非常重要的

一部分。因此,教学目标设计时应考虑课程理念的变化。课程理念的变化如表6-1所示。

表6-1　高中生物课程理念前后对比

实验版	2017版
提高生物科学素养	核心素养为宗旨
面向全体学生	内容聚焦大概念
倡导探究性学习	教学过程重实践
注意与现实生活的联系	学业评价促发展

实验版高中生物学课程理念指引教师进行三维教学目标设计应该指向提高生物科学素养,分层次进行设计,倡导探究性学习达成教学目标,目标设计切忌功利化,为升学考试而设计,而应注意与现实生活的联系。2017版高中生物学课程理念指引教师进行学科核心素养教学目标设计,首先应当明确生物学学科核心素养应进一步凸显生物学学科本质,将培养学生的生物学学科核心素养作为课程目标。

因此,在对生物课堂教学目标进行设计时,应融入生物学学科核心素养的培养。内容聚焦大概念,倡导"少而精",启发教师设计教学目标时应当弱化细枝末节的知识,围绕生物学学科大概念,每一节课的课时目标均应为理解大概念服务。教学过程重实践,即倡导在课堂上引导学生通过实践理解学习生物学概念。学业评价促进发展,倡导学业评价方式多样,针对学生不同水平的生物学学科核心素养进行评价,而评价的源头来自教学目标,即教学评价的就是评价生物教学目标的达成情况。

三、基于核心素养的教学与评价的策略

(一)基于核心素养的教学设计

1.教学活动要促进学生核心素养的发展

有效的教学活动设计是上好一节课的关键。一个好的教学活动的设计不仅可以引起学生的学习兴趣,而且学生在参与活动的过程中其发现问题的能力、探究能力,通过思考解决问题的能力都会得到锻炼,教师设计的教学活动要紧扣发展学生核心素养而进行。首先,要对应教学目标设计教学活动,这是教学活动设计的前提。每节课都要对教学目标进行明确,并通过相应的教学活动来实现教学目标,脱离教学　目标的教学活动设计是无意义的。其次,教学活动的设计要生活化。例如,在导入环节,教师可以利用具体的情境引入,让学生学会在具体情境中，利用自身的生活经验，去解决实际问题，并对解决类似问题方法和手段加以掌握。再次，教学活动的设计要吸引学生合作探究。高中生物的教学旨在培养学生的生物学核心素养，教师设计教学活动吸引学生合作探究，在此过程中，学生不仅掌握了知识与技能，而且还发展了科学思维，调动学习的积极性，培养了社会责任感等。最后，设计合理的教学环节。基于核心素养的高中生物教学一般环节主要包括情境导入、自主先学、提出问题、确定问题、合作探究、成果展示、总结归纳七个环节。根据课程性质的不同，教学环节可作出适当修改。同时，在一些教学环节中教师都应适当引导。基于核心素养的课堂教学对学生核心素养水平的提高效果明显，但在教学过程中对教师的素养和能力要求极高。

2. 教学目标要直指学生的生物学核心素养

21 世纪的培养目标应指向 21 世纪的"核心素养"，即自主学习能力、创新能力、合作交流等关键能力的培养，教学目标应从过去的重视培养"考试技能"转移到重视培养"核心素养"，这样才能适应 21 世纪的社会生活。在生物课堂教学中，教学目标应注重于培养学生"树立生命观念、培养科学思维、勇于科学探究和明确社会责任"的生物学核心素养，使学生在理解和掌握高中生物核心知识的同时，又能够养成正确的情感态度和价值观。

3. 归纳总结检验核心素养教学目标的达成

课堂归纳总结是教学的一个关键环节，传统课堂上，教师会习惯性地对这节课所学的知识进行梳理总结，但基于核心素养的课堂总结不仅是教师总结本节课的学习内容，它是师生共同总结课堂用到的知识与技能、过程与方法、情感态度与价值观，是教师对学生进行品德教育及培养学生社会责任最重要的一个环节。

要注意以下几点：①帮助学生进行归纳总结。教师要科学设计教学活动，合理规划教学环节，让学生的思维进入一个环环相扣的状态，这样学生会乐于总结归纳学习的内容。②总结要围绕教学目标来进行。总结并不是漫无目的的，首先总结要体现知识与技能的要求，可以引导学生自己总结归纳，教师进行适当点评以了解学生知识与技能水平；其次总结要体现过程与方法目标的实现，生物教学过程中常常会出现探究实验，教师要体现对实验设计方法及科学思维等的总结；最后总结要注重学生的情感态度价值观。③总结要有意引出新问题。引导学生提出承上启下的新问题，激发学生的求知欲望，为下节课作铺垫。

4. 教材分析要挖掘对学生生物核心素养的培养

基于核心素养教材分析要改变传统教材分析方法，重点落在分析如何将教学内容与本节需要建构的核心素养要求相结合，如何把核心素养融入具体的教学内容中。

（1）挖掘教材内容中所包含的生命观念

生命观念是指对观察到的生命现象及相互关系或特性进行解释后的抽象，是经过实证后的观点，是可以理解或解释相关事件和现象的品格和能力。学生生命观念的形成是以核心概念的理解为基础的，所以概念教学是帮助学生构建生命观念的基本途径之一。因此，对教材内容的分析，可以从核心概念教学的分析入手。

例如，"细胞器，细胞的分工与合作"这一节中就隐含了结构和功能观念，首先要让学生理解细胞器的概念，教材以类比的方式引入细胞器的概念，把细胞与工厂，细胞器与车间进行类比，帮助学生理解细胞器这一核心概念；然后教师引导学生复习以前的知识如绿色植物细胞中含有叶绿体，所以能进行光合作用，而人的细胞是动物细胞，动物细胞中不含有叶绿体，所以人的细胞不能进行光合作用，教师教学中渗透了结构决定功能这一观念；最后学生将这一观念内化，并且可以用这一观念解释其他的生命现象，如教材中的问题"飞翔的鸟类胸肌细胞中的线粒体数量比不飞翔的鸟类多。运动员肌细胞中的线粒体数比缺乏锻炼的人多。在体外培养细胞时，新生细胞比衰老的细胞线粒体多。这是为什么呢？"，学生可以很好地利用结构与功能观解释这一现象。

（2）挖掘教材内容中所包含的"科学思维"

逻辑性思维、批判性思维、辩证思维和创造性思维等都属于科学思维。科学思维是一种有明确的思维方向，有充分的思维依据，能对事物或问题进行观察、比较、分析、综合、抽象与概括的一种思维。

例如，在"降低化学反应活化能的酶"这一节中，教材中设置了"比较过氧化氢在不同条件下的分解"这一实验，教师可以引导学生自己设计探究实验方案，实验结束后分析比较实验数据，总结归纳得出实验结论。

除此之外，最后还设置了资料分析栏目，是科学家们对酶本质的探索，通过分析科学家提出的问题，设计探究实验并得出结论的过程中锻炼学生的逻辑思维。在"细胞器，细胞的分工与合作"这一节中，教材上首先通过类比方法，引入细胞器的概念，把细胞与工厂，细胞器与车间进行类比，让学生由已知的东西推导出其他未知的东西，锻炼学生的科学思维。

（3）挖掘教材中的"科学探究"任务

不是所有的科学探究任务都直接以探究活动的形式出现在教材中，有一部分探究活动是隐藏在书本中的，需要教师翻阅教材，认真思考、挖掘和发现。例如在"光合作用"这一节中，组织引导学生去探究光合作用的产物是什么。需要注意的是，在挖掘教材中的探究实验时，一定要考虑探究实验的难度。

（4）挖掘教材对学生"社会责任"的培养

教材中对学生社会责任的培养主要可以从三个方面入手，①生物科学史，教师可依据授课内容从教材中挖掘出一些科学家的故事，特别是国内科学家的故事，如"杂交水稻之父"袁隆平、"克隆牛之父"杨相中、获得"诺贝尔生理学奖"的女科学家屠呦呦等，培养学生刻苦钻研、报效祖国、服务社会和人民的社会责任；②环境危机，环境的日益恶化已成为威胁人类生存一个最大的敌人，地球是最大的生态系统，随着生态环境的恶化，地球已经受到严重伤害，如水污染、空气污染、土地沙漠化等，生态系统这一节教材中可以挖掘很多这方面的素材，培养学生的环保意识，保护地球保护家园的社会责任感；③生物疾病危机，生物教材中会涉及一些常见的细菌病毒，教师可引导学生思考生活中的一些疾病产生的原因，怎样预防和治疗，主要增强学生的防范意识，用生物学的理论去揭穿伪科学等。

5. 学情分析要想办法提升学生的核心素养水平

因为教学活动都是要围绕学生开展，所以没有学情分析的教学设计是空想的，是脱离实际的。基于核心素养的学情分析与传统的学情分析差别很大，前者是在对学生学习状态的基本情况分析的基础上，抓住学生的认知特点和原有知识结构，重点研究根据学生的特点，在教学中如何有效融入相关核心素养教育，以达到让每个学生的核心素养发展到一个更高的水平。

（二）基于核心素养课堂教学评价

1. 教学评价的首要目的

教学评价的目的是什么？很多老师会说为了了解自己的教学目标是否合理，了解上课时使用的教学方法及手段是否得当，了解学生是否掌握了基本的知识和技能，学生还存在什么问题等。这些都是教学评价的目的。但是，学生作为社会的一名成员，走上社会后必将受到社会的检验，所以基于核心素养的教学除了重视知识的学习之外更加重视学生解决实际问题的能力的培养，生物教学评价要把促进学生核心素养的发展作为教学评价首要目的。

2. 评价内容的选择

（1）评价内容紧紧围绕学科核心素养来进行

基于核心素养高中生物教学评价内容可以紧紧围绕生物学核心素养来进行，即从生命观念、科学思维、科学探究和社会责任四个方面入手，关注学生能力的形成。

①在生命观念方面的评价，注重学生是否逐渐形成认识生命的基本观念，如结构与功能观、物质与能量观、进化与适应观，学生是否可以应用这些生命观念来对生活的实际问题加以解决。

②在科学思维方面的评价，注重学生是否养成科学思维的习惯，用科学思维分析问题，阐述生命现象及规律的能力。

③在科学探究方面的评价，注重学生的观察能力，发现问题分析问题、解决问题的能力、合作探究及交流方面的能力的培养。

④在社会责任方面的评价，注重培养学生社会责任感，教学活动中文明礼貌，合作互助，积极参与社会实践活动的意识。

每节课的评价内容的选择及每部分内容所占的比例是不一样，如"降低化学反应活化能的酶"这节课的评价内容侧重于科学思维及科学探究方面的评价，"细胞器，系统内的分工合作"这一节课侧重于生命观念方面的评价。

（2）评价内容关注学生发展的多样化需求及特殊需求

每个学生的思维方式及兴趣爱好各不相同，在他们发展的过程中，会存在多样化需求及一些特殊的需求。教师在教学评价过程中要尊重个体差异，通过一定的评价方法发现学生的特殊需求，教学过程中因材施教，用教学评价的结果指导教学设计，使他们的能力得到提高。

（3）评价内容注重学科之间的联系

高中学科间的知识切入点存在很大差异，相互独立的学科间"各自封闭"，存在互不联系或很少联系的现象。但是，学生在现实生活中所遇到的很多问题是综合性的，是各门学科知识间的综合，21世纪所需要的人才是具有很强的综合素质的人才，能综合运用各个学科的知识来对实际问题加以解决，所以教学及评价的过程中注重各学科知识间的联系是必要的。高中生物教材中确实有相当一部分知识需要利用数学、物理或化学为工具来进行理解。

例如，"降低化学反应活化能的酶"这一节中就要用到化学催化剂的知识。面对这些学科间交叉的知识，首先，教师应丰富自己其他学科的知识，给学生讲明白；其次，在教学过程中要重视对学生利用综合知识解决问题能力的培养；

最后，要把学生运用综合知识的能力作为评价内容。综上所述，教学与评价都应该重视学科之间的联系。

3. 评价方法的选择

通常所说的评价是指纸笔测试，主要测量学生的基本知识与技能。而基于核心素养的评价是一种综合评价，它不仅关注学生的知识与技能，还关注学生的学习过程、学习方法及价值观。

综合评价是对传统纸笔测试的补充，除了可以测量出学生知识技能的掌握情况之外，还可以测出学生核心素养的达成情况，有利于学生核心素养水平的提高。不同的教学环节中可以采用不同评价方式。

基于核心素养的教学一般有 7 个教学环节，即创设情境、自主先学、提出问题、确定问题、合作探究、交流展示及总结归纳。在自主学习环节中可以采用学生自评的方式，在提出问题及合作探究的环节中，教师应进行现场巡视并根据学生的课堂表现对学生进行评价。在小组汇报环节，可以先由教师对各小组代表进行口头点评，然后采取小组内互评的方式对小组成员进行评价。在整个教学的过程中，教师可以适时对学生进行口头提问，或者有意识地引导学生进行自我评价。基于核心素养的教学评价指的是应该在教学过程中伴随着评价，将教学与评价相互统一、有机结合。

4. 评价指标的确定

（1）从中国学生发展的核心素养中寻找评价指标

按照 2016 年 9 月正式发布的《中国学生发展核心素养》中涉及的 6 大素养、18 个基本要点，基于核心素养的生物教学评价指标可从以下几个素养入手。

①在学会学习方面，学生能自己搜集相关资料或利用教师提供的资料等进行自学。

②在实践创新方面，学生要善于发现问题，提出问题，能制定出合理的方案积极主动地解决问题。

③在人文底蕴方面，学生在学习、理解和应用人文方面的知识技能等方面所形成的能力及情感态度价值观。

④在科学精神方面，学生要有一定的逻辑思维能力，能独立思考问题并做出判断，要勇于探究，具有好奇心和想象力，不怕艰难，持之以恒的探索精神。

⑤在责任担当方面，小组合作学习时注意礼貌用语，包容他人。

⑥在健康生活方面，学生具有安全意识（特别是实验过程中），在交流学习中有一定的自信。

（2）从高中生物课程标准中寻找评价指标

对 2017 版普通高中生物课程标准的研究发现评价指标应从以下几个方面入手。

①评价指标应指向学生生物学核心素养的达成情况；②注重学科之间的联系；③关注学生尊重生命、遵循正确伦理道德、具有保护环境意识以及综合运用 STEM 分析解决问题的能力；④认识生物学与社会发展的紧密联系，培养学生的社会责任感等。

（3）从高中生物学核心素养中寻找评价指标

依据 2017 版普通高中生物课程标准中涉及的 4 大核心素养，基于核心素养的生物教学评价指标可从以下 4 个方面入手。①在生命观念上，形成具体的核心概念，并形成一定的结构和功能观；②在科学思维上，可以基于特定的生物学事实形成简单的生物学概念，并在某一给定情境中，运用生物学的规律和原理，预测可能的结果或发展趋势；③科学探究上，发现并提出生物学问题，能在给出的多个探究方案中选取最恰当的方案并实施，记录实验数据并分析实验结果；④在社会责任上，具有通过科学实践解决现实生活中问题的意识和想法，针对现代生物技术在社会生活中的应用，可以基于生物学的基本观点，辨别并揭穿生活中的伪科学。

（4）从高中生物一线教师的教学设计中寻找评价指标

高中生物一线教师是生物教学活动重要的参与者，具体到每节课的教学评价指标，必须要兼顾高中一线教师们的教学设计，总结归纳出适合本节课的评价指标。

总之，评价指标是评价所依据的目标的具体化，评价指标的选择在保证准确全面的同时还要避免冗长复杂。教学评价指标的内容要与授课内容和授课对象相适应，在评价指标体系的建立上不仅要结合生物课程标准与生物学科教学的特点，还要符合实际的生物教学活动。

5. 评价指标权重的确定

应从以下三个方面来确定评价指标的权重。①依据评价指标对培养核心素养的影响力。评价指标的权重与其对培养核心素养的影响力成正比，影响力越大，权重越大。②听取专家的意见。评价指标的确定主要建立在听取生物学教学领域资深专家意见的基础上。③参照运用优秀教学评价案例中权重的大小。

第七章 对高中生物高效课堂教学有效性的思考

现阶段，课程改革得到了深入推进，新课改理念要求对传统的教学方式进行优化和改进，确保课堂教学的高效性。高中生物教师在课堂中要想展开有效教学，就必须对教学观念进行转变，运用各种各样的教学方法，对学生的生物核心素养进行培养，促进课堂教学质量提升。本章分为高中生物高效课堂有效教学的理论依据、高中生物高效课堂有效教学发展性评价标准的构建、对高中生物高效课堂有效性提高的建议与前景展望三部分，主要内容包括巴班斯基的"最优化"教育思想、维果茨基的"最近发展区"理论、孔子的"因材施教"教育思想等方面。

第一节 高中生物高效课堂有效教学的理论依据

一、巴班斯基的"最优化"教育思想

苏联教育家巴班斯基（1927—1987）是"教学过程最优化"教育思想的代表人物。巴班斯基指出，"最优化"是指"从一定的标准来看是最好的"的意思，其本质在于"以最小必需的消耗，取得该情况下最大可能的效果"。"教学过程最优化"的内涵是指，从现有的学校条件和师生的实际可能性出发，按照一定的标准来衡量教学所能获得的最佳效果。

教学是最优化方法体系的具体内容。解决最优化问题的方法，叫最优化方法。事实上，最优化方法体系是有效地利用现代教育学、心理学、学校卫生学等科学所揭示的一整套教学规律、原则的体系。巴班斯基对教学最优化进行了

分析，提出了一些既能提高教育效率、又能防止过度消耗教师的时间与精力的方法。

主要有：①综合规划教学任务，以综合的观点来选择和决定教学任务、安排教学的内容、方法、手段和活动形式。②在研究班级学生特点的基础上，把教学任务具体化。③选择教学内容时，划分课堂教学的主要内容，其中包括主要的概念、规律、原理和事实。④找出在班级教学场合下最合理的教学方法和形式。⑤对学生进行有区别的教学。⑥采取专门措施来节省教师和学生的时间，选择教学的最优速度。

二、维果茨基的"最近发展区"理论

维果茨基（1896—1934）是苏联早期一位杰出的心理学家，苏联心理科学的奠基人之一。维果茨基理论在教育中最重要的运用莫过于他的"最近发展区"理论。

维果茨基的理论基础和出发点就是首先确定儿童发展的两种水平，在他看来，明确这种关系是教育发挥对学生的发展起主导和促进作用的前提条件。他认为学生发展有两种水平：一是已经达到的发展水平，表现为学生具备独立解决问题的智力水平；二是他可能达到的发展水平，在这种水平下学生需要借助成人的引导、帮助，才能解决问题。维果茨基把儿童的这两种发展水平之间的距离定义为"最近发展区"。

三、孔子的"因材施教"教育思想

孔子是我国古代最伟大的教育家，其教育思想与当前素质教育有很多相通之处。孔子在他长期的教育实践中创立了人性差异的观念，以"性相近也，习相远也"作为教育实践的指南，进而提出了因材施教的教育原则。他主张根据学生的特点水平，进行不同的教育，确实有着这种"因材施教"的思想。孔子的教育实践实实在在地充分体现了这一思想。实施因材施教的关键是对学生有深刻而全面的了解，准确地掌握学生各方面的特点，然后才能有针对性地进行教育。孔子就十分注重观察、研究学生。他采用的方法有"听其言而观其行"以及"视其所以，观其所由，察其所安。人焉廋哉？人焉廋哉？"正因如此，孔子十分熟悉他的学生的特点与个性。孔子的因材施教的教学方法对于现在实施素质教育也是大有启发的。在相当长的时期里，教师的教育模式采用的是"齐步走"的做法，抹杀了学生的个性差异，出现了优生"吃不饱"、后进生"吃不了"的怪现象，无法确保全面提高全体学生的素质。除此之外，受应试教育的影响，教育评估片面，只考查学生所谓"正课"分数，高分则优。当今实施素质教育，就应吸取孔子因材施教的思想，从学生实际出发，注重学生的个性特点，从而实现共同进步、共同发展、共同培养的目的。

第二节 高中生物高效课堂有效教学发展性评价标准的构建

一、发展性评价概述

（一）发展性评价的概念

发展性评价是从评价的目的和功能出发对评价所作的界定，指以促进学生、教师和学校发展为目的的评价。发展性评价集合多种评价方式，是多样化的评价体系。其立足于为评价对象对个体化的发展性目标加以确定，不断收集评价对象发展过程中的信息，并按照具体情况作出诊断性的评价，提出具体的、有针对性的改进意见。发展性评价更重视评价对象未来的发展，而不是刻意地为其下一个结论，确定一个等级，所以在实践中备受关注。

（二）发展性评价的体系

1.终结评价与形成评价结合

以往对学习的评价，只是以学生考试成绩的优劣作为评价标准，这样必然会使学生的学习负担加重，造成学校、教师和学生重分数轻能力、重结果轻过程等弊端，会给学生的全面发展带来严重影响。新的评价理念要求淡化分数概念，关注学生在学习过程中的变化与发展，关注学生的情感、态度与价值观的形成与发展。除了单元、期末的测评用"等级加评语"的方式外，更应在课堂上、作业中，用口头表扬、写在作业本上的短语、可收入"成长记录袋"中有关奖励等方式，适时评价学生的数学学习，发挥评价的激励作用和改进功能（图7-1）。

在日常的教学行为中，教师要使学生的闪光点得到最大程度的挖掘，进行"激励式评价"，这样可以在学生内心深处形成一股强大的心理推动力，在潜意识里产生向表扬目标努力的追求。任何一个学生在发展过程中都存在个性差异，教师要从实际出发，区别对待，做到"一把钥匙开一把锁"。对学习有困难、学习缺乏主动性的学生而言，教师更应做好"期待式评价"。教师对学生信任、亲切的情感流露，不仅可以使师生双方的心理距离得到缩短，使学生得到自我肯定和心理满足，而且还可以使他们信任和爱戴教师。我们应努力保护学生的自尊心，让学生得到积极的心理暗示、获取激励的信息。

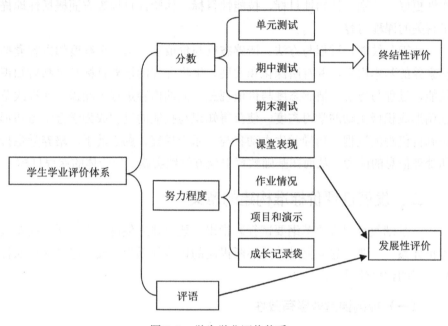

图 7-1　学生学业评价体系

2. 阶段评价和期末评价结合

在期末成绩中，日常表现和作业、单科测验以及期末考试各占一定比例。比如说有一位学生平时课堂表现很不错，作业质量很高，单元测验成绩也很好，但在期末检测的时候却考得不理想，我们会参照他的日常表现给出较高的评价；相反，如果平时这位学生调皮捣蛋，上课经常搞小动作，即使期末检测考到了满分，我们也会在总体评价中作出相应的扣分。这样做的导向作用是使学生和家长不再只关注期末考试，体现了评价的过程性，并将评价融入日常教学中，做到教评相长。

3. 知识评价与能力、情感态度价值观评价结合

高中新课程尊重学生个性发展的需要，以全面提高学生的科学素养为宗旨，从"知识与技能""过程与方法""情感态度与价值观"三大方面对课程目标

进行了较为全面的阐述，更好地体现了对高中生科学素养的具体要求，特别突出了后两方面在学生未来发展中的重要作用，涉及"科学探究能力""问题意识""与人合作""获取信息和加工信息""反思评价""学习兴趣""实践意识""可持续发展的思想""辩证唯物主义世界观""责任感和使命感"等目标。结合必修模块和选修模块的内容特点，课程的内容目标更为具体，可操作性更好，分别从认知性目标、技能性目标、体验性目标等方面概括性地描述了有关的课程内容。

知识与技能、过程与方法、情感态度与价值观，这三个维度的内容囊括科学素养的基本内涵，并有所深化和发展。生物课程的培养目标几乎都对知识与技能、过程与方法、情感态度与价值观三方面的内容进行了涵盖。课程改革应强调形成积极主动的学习态度，使获得知识与技能的过程成为学会学习和形成正确价值观的过程；倡导学生主动参与，乐于探究，勤于动手，培养学生搜集和处理信息的能力，从而在基础教育中全方位地实施三位一体的课程目标。

二、发展性评价标准构建的意义

《基础教育课程改革纲要试行》指出，要"建立促进学生素质全面发展的评价体系"，要"建立促进教师不断提高的评价体系"，要"建立促进课程不断发展的评价体系"。

（一）提高课堂教学有效性

新课程的教学是教师的引领和学生的主动学习相互作用的双向过程。新课程背景下的课堂教学有效性关注的是学生通过学习真正发生了什么样的变化，而不是教师教了多少以及学生学了多少。毋庸置疑，教学有效性的影响因素不仅来自课堂教学，还来自学校、家庭以及社会等各方面的影响。判定课堂教学有效性，如果只根据一节课或者几节课的教学情况并不能体现科学性，倘若这样评判难免有失偏颇，但教学的有效性却又是以每节课为载体的。抓住课堂教学的共性，渗透新课程的理念，构建一套有效教学的评价标准，师生可以据此对照自己的教学行为，为教学提供及时反馈，促进师生的共同发展，为新课程的切实推行提供坚实的基础和保障。

（二）促进教师专业化发展

教师的专业发展伴随教师整个职业生涯，无论是在教师专业化的培训工作中，还是教师自身进行教学实践与反思，都需要一个专业发展标准指南。自基础教育新课程改革以来，因各级各类教育行政部门尚未出台符合新课程要求的、切实可行的教师专业化发展标准，缺乏关于有力可鉴的行动标准，致使我国各级各类教师新课程培训工作层次、水平参差不齐，出现了对新课程理念理解上的偏差和教学行动上的疏离等一系列情况。同样，教师的专业化发展工作也因此显得步履维艰。在基础教育新课程背景下，教师的专业化发展过程中始终离不开新课程理念的渗透与落实，而这一切又都以课堂教学为主阵地。因而，构建课堂教学有效性评价标准能减少教师培训工作和教学实践反思行动的盲目性，促进课堂教学工作的有效开展。有了这个标准，各级各类教师培训机构在其设置教师专业发展计划和课程时就更有针对性和目标性。

同时，课堂教学评价标准为教师实践反思提供了方法上、途径上的参照，使教师的反思有据可依，明确哪些教学行为是应该坚持的，哪些教学行为是值得改进的，从而使教师在专业发展道路上能更自觉地遵循专业发展的要求。

（三）促进学生的全面发展

新课程需要新的评价体系，其根本目的是促进学生的发展，但是从新课程实施的现状来看，原有的评价体系与新课程的要求相差甚远，不能更好地支持新课程的改革。例如，对学生学业的评价常以标准化的测试成绩为基准，这样的教学评价体系标准使学生认为学习就是为了取得一个高分，实际上是把教育目标定位于低层次的零碎信息的记忆和一些孤立的技能培养，从而窄化了教学评价的功能，不合理地放大了以考试这种手段来量化性地"测量"课堂教学有效性的局面，致使教学工作陷入追求功利的泥淖中不可自拔。

由此可见，这样的教学评价标准不适合正常教育功能的发挥，与基础教育新课程提出的要建立促进学生全面发展的教学评价体系的精神背道而驰。基础教育新课程改革纲要试行强调了课程的功能，要从单纯注重传授知识转变为体现引导学生学会学习、学会生存、学会做人。新课程教学更多地关注的是学生的学习过程，强调实践探究和主动构建知识体系，提倡自主学习、合作学习、探究学习等新的学习方式。教学工作的焦点从以往过多地关注学习结果转向在学习知识的过程中潜移默化地培养学生正确的价值观、人生观和世界观，从而促进学生的全面发展。

由此可见，过去那种以学业成绩为中心的教学评价标准显然不适合新课程评价理念的需要。因而，以课堂教学为依托，将新课程的教学理念有机地贯穿到课堂教学过程中，建立与之相适应的课堂教学评价标准，能为新课程的学习理念的落实提供有效版本，为促进学生的全面发展起到推动作用。

三、发展性课堂教学有效性标准

现有的课堂教学评价标准的功能主要是针对教师工作进行评级和选拔，这种评价模式实质上是对教师教学工作的一种外部性的管理式的控制，教师的任务唯有按部就班地完成既定的教学目标，标准的功能仅仅囿于评价教师是否完成了教学目标，教师不敢越雷池半步，这在很大程度上限制了教师的反思和发展，消磨了教师的工作热情。而在这种"任务式"的评价模式下，课堂教学的最终目标就是完成教案，学生实际上扮演着配合教师完成教案的角色，自主性和创造性完全被忽视，更谈不上全面发展。

因而，按照新课程教学中的问题和提出的有效教学策略，构建一套适合高中生物新课程教学理念的评价标准，为新课程教学反思工作提供反思依据，促进师生的共同发展。这一套评价标准并非如传统的量化式评价标准一样，因而这套新的教学发展评价标准是发展性的评价标准，其目的不在于鉴定，而在于为教学评价和反思提供依据，推动师生在教学反思中不断实现提升，促进教学有效性的增强。对于这套发展性教学评价标准的构建，作者试图开创力所能及地在克服原有的评价方式的种种弊端的基础上，采用多层次评价的方法，从教学目标、教学情境、教学提问、教学活动、教学方法、教学主线、教学内容7个方面尝试构建发展性的新课程教学评价标准。

第三节　对高中生物高效课堂有效性提高的建议与前景展望

一、转变课堂教学观

在新课改的背景下，我们的教学仍然存在许多问题，在面对这些问题的时候我们首先要转变课堂教育观念。

新课程标准中体现建构主义教学理论是我国教学改革的一个重大突破，以往的教学重传授、轻探究，重接受、轻体验，不利于培养创新型人才。建构主义学习理论可以对当前的教学改革进行有效指导，促进学生自主学习主动探究合作交流，这对于我国教育改革和人才战略的实施确实有十分积极的意义。

但在具体的教学过程中，我们需要辩证地分析建构主义学习理论，高中生物课教学容易出现下面两种情况：一是因为过分注重情景体验而忽视对学科理论的把握；二是专注问题探究式的学习而忽视对教材内容的把握。我们所学的知识都来自社会，从而受制于它们所发生的情境，学习应该是比较直接的生活体验，过分注重理论而忽视生活体验，不利于提高学生的思维能力，不利于社会和个人的长远发展。我们要在遵照新《高中生物新课程标准》进行教学过程中，要充分利用教材提供的知识和材料，激发学生学习兴趣，提高教学效率。生物新课程标准主张把生物课堂学到的知识能应用于现实生活，例如利用光合作用提高农作物产量，健康的生活方式，基因的遗传，近亲不能结婚等。实现鲜活的生活内容与课堂学习相结合，引起学生的学习兴趣，提高学生的学习效率。

因此，教师要转变教育观念，既不能因循守旧，也不能在新课改下顾此失彼，教师要做教育的引导者，教材的开发者和践行者。在教学的同时，教师不能做教材的被动传播者，而要按照教学的具体环境和情形提出合理化建议，改革、挖掘教材，使教材最终成为可被操作和实践的工具。教师还要提高自身的修养和素质，更新教育观念，严己责己，以身作则，不断学习，更新自身知识体系。

二、重新定位师生角色

若想改变传统的教学中的师生角色，需要做到以下几点。

首先，要更新教育理念，树立新的教育观。教师在传统的教学中占主体地位，不够重视学生，没有对学生的主体性予以充分尊重，教学过程中以教师为中心，学生服从教师的安排，学生的主动性没有得到充分发挥。新课改后，构建高效和谐的生物课堂，就要转变教育观念，以学生为中心，突出学生的主体地位，尊重学生的个体差异性。教师在学习中应该处于引导的位置，帮助学生，成为学生学习的合作者。

其次，重塑师生关系，教师要改变以往的威严形象，要树立民主、平等的观念，增加亲和力，不能让学生见了老师就害怕，要建立和谐的师生关系。青少年时期，老师对孩子的影响特别大，老师平易近人，善于与学生沟通，学生就愿意与老师交流，就更乐意打开自己，形成良好的性格，有利于学生心理健康地发展。

心理学认为，每个智力正常的儿童，都有成才的潜能，所以我们要营造和谐的师生关系，激活青少年的心理潜能，促进其成才，实现教育的价值。教育一个重要价值就是达到人的个体和社会的和谐发展，建立良好的师生关系，可以促进学生的成长，提高课堂效率。

在学习过程中要"以学生为中心"，突出学生的主体地位。但是由以"教师中心"转变为"以学生中心",并不意味着教师在教学中的作用可以被弱化。相反,为了促进学生进行意义建构,教师要做很多工作,对教师的能力提出了更高的要求。在教学中努力建立平等、友好的师生关系。教师营造氛围时要牢记自己"组织者"的身份,要按照课堂教学的内容确定合适的教法,结合学生特点精心安排和合理组织课堂教学,增加课堂的趣味性。在具体实施过程中,可以利用多媒体进行教学,然而在营造良好的教学氛围时还要坚持适度原则,教师应积极参与学生的学习,不能把自己等同于学生,这样才可以获得良好的课堂教学效果。

教师还要具备丰富的知识,讲课要风趣幽默,做好课堂演示实验,使学生对生物学习有直观的认识;平时多和学生接近,缩小与学生之间的距离,及时对学生的问题进行解决;多表扬、多鼓励;成立课外兴趣小组,以带动全班。在平时的讲课中,教师要注意把课堂知识与实际生活相联系,激发学习生物的兴趣,还要结合高中阶段学生的学习特点,在教学中利用教学资源,比如生物的挂图,还可以利用多媒体进行教学,在教学中吸引学生的注意力。

教师的引导方法是否得当,也影响着学生的学习兴趣是否能被激发出来。教师在生物教学中要善于启发学生独立思考,使学生的思维得到发散,引导学生自主探究,进行创新性学习,让学习觉得学习的过程是一个精彩的探索过程,最后建构起来的知识体系,增加了自我学习的成就感。

营造和谐宽松的学习氛围,在生物教学中贯彻和谐的理念,植入人文关怀。一个自然和谐的教学环境,有利于促进学生的学习,有利于开发学生的思维,有利于师生的交流与合作。教师在教学中要有和谐精神,对教材的把握和讲授都有树立和谐观念,要树立教书与育人相结合的理念,不仅传授知识,还要促使学生的全面和谐发展,要让教育与社会和谐发展,这是教育的根本目标,促进个体的人与社会和谐发展。

三、利用模型建构知识

由于生物学中的一些知识很抽象,如果能把一些抽象的东西具体化即建构模型,那么学习起来就很直观,而且印象深刻,不容易忘记。

(一)模型建构的理论依据

人本主义学习理论认为:学习是人的自我实现,是丰满人物的形成过程;学习者是学习的主体,任何正常的学习者都能自己教育自己;人际关系是有效学习的重要条件,它在学与教的过程中对"接受"的气氛进行了创造。学生建构模型的学习方式正是在学生完全自主的条件下，合作学习的过程！

当代建构主义者认为，学习是由学生自己对知识进行建构的过程。学习过程同时包含两方面的建构：一方面是对新信息的意义的建构，另一方面又包含改造和重组原有的经验。

学习意义的获得，是每个学习者基于自己原有的知识经验，对新信息重新认识和编码，建构自己的理解。在这一过程中，由于新知识经验的进入，可能会调整和改变学习者原有的知识经验。合作构建模型的过程给了学生一次亲身经历知识形成的体验，这个经验将有助于生物学知识目标的达成！

（二）模型方法是一种现代科学认识手段和思维方法

建立模型的过程，是一个思维与行为相统一的过程。借助模型来获取、拓展和深化对于客体的认识的方法，就是科学研究中常用的模型方法。建模学习就是以建构模型为手段的一种学习方法。

四、合理加工、整合教材

在新课程理念的指导下，教师应转变以往的单纯教授知识而讲教材，而是把教材用活。高中生物新教材出现了很多栏目，比如问题探讨、资料分析、思考讨论、相关信息、技能训练等丰富多彩的内容，可以很好地扩展学生的知识面，有助于学生的学习，但如果把这些内容按部就班地全部教给学生，那么会出现课时不够的情况，而且收不到好的效果，我们要在有限的45分钟课堂中帮助学生有选择地、有效地学习生物知识。这就需要教师在备课时要先通读教材，深刻理解和把握教材，领会教材的编写意图，吃透教材的精神，然后认真研究新课标的要求，明确各部分内容在教学中的地位、作用，以及预期要达到的教学目标，最后按照学生的实际情况对教材做出一些适度、合理的个性化处理。

比如关于课时的安排和教材的使用。我所在的学校是在高一第一学期开课，每周2个课时，这样的课时安排符合新课标的要求，但是许多老师还是感觉时间略微不足，无法进行有效的训练强化。对于这个问题，人教生物室的谭老师强调了一点，就是要提高课堂的效率，要做到这一点，就要把握教学中的"度"，要熟悉课标的要求，哪些是了解水平，哪些是理解水平，哪些是应用水平，做到有的放矢。了解水平的内容不要过多纠缠，侧重讲理解水平、应用水平的内容，对于应用水平的内容可以做一定的拓展延伸。

新教材模块化的学习，有利于学生建立系统的知识体系，但也有些安排不尽合理。比如必修三相对于必修二容易，更适合在高一学习。因为必修二主要内容是遗传和变异，其中关于遗传的计算涉及数学上的加法定理和乘法定理，这部分数学知识学生在此时还未学到，因此学这个遗传学计算有一定的困难。同时必修三整体难度较大需要学生有很好的逻辑思维能力，对于高一的学生来说，学起来有困难。因此，为了学生更好地掌握，我们就不能拘泥于教材，受教材的束缚，对于一些内容，旧课标教材上安排更合理的，可以按照旧课标的顺序来安排教学，比如减数分裂、呼吸作用、生物膜系统等内容。

要根据课标对教材内容、难度细化的研究。市场上可用于达标训练的资料很多，但这些资料可以说是鱼龙混杂，有些虽然很好，但却不符合学校生源实际。对此教师可以利用这些资料针对课标要求从中精选出一些有代表性的好题，这个可以由教研组来进行，让每位老师完成几个章节内容，综合在一起就是一部好的校本教材。这样不会出现习题练习中重复训练、知识点遗漏、题量过大、没有时间处理的现象。

五、建立完善的评价机制

建立一个合理完善的评价方式是构建高中生物高效和谐课堂不可或缺的一个重要环节。评价机制不可或缺，建立一个合理完善的评价方式，就更利于我们判断生物课堂的教学效果怎么样，是好是坏？也有利于去发现不足，寻求解决问题的途径。

新课改后，高中生物教师要结合新课改理念和高中生物新课程标准的要求，不断提高自身的认识水平和能力，真正理解新课标的内涵，跟上时代发展的步伐，及时转变思想观念，创新教学方法，灵活开展多样化的课堂探究活动，以为生的全面和谐发展为目标，投入生物教学改革，激发学生学习的兴趣，提升学生的学习动力，创造一个和谐的氛围，使学生在一个和谐的环境中和谐的发展，切实提高生物课堂的教学效果。

六、多种教学手段巧妙结合

在课堂上，多媒体可将抽象的概念和理论通过图片、模型、动画声响等手段栩栩如生地展示给学生，不仅使教学内容得到了极大的丰富，使学生的学习兴趣得到了极大的提高，而且还使所授知识的难度大大降低。

例如，在对 DNA 双螺旋结构进行讲授时，利用动画效果制图进行讲解，形象直观、清晰易懂，远远胜过了纯语言讲授。

再如，蛋白质的生物合成过程，在传统的教学中，教师只能依照课本图示逐步进行文字讲解，需要耗费大量时间，而学生也需要借助想象才可以似懂非懂。有了多媒体教学，教师只需插入一段蛋白质生物合成的光盘动画，短短几分钟就可让学生对整个过程有一个动态的、连续的认识，从而可以使课堂教学的效率得到极大的提升。

　　然而，在日常教学中我们也发现：完全使用多媒体教学，效果并不理想。多媒体教学使部分学生眼花缭乱，甚至忘记记笔记，尽管内容丰富，但学生真正掌握的却很少。也有时由于信息容量大，教师不用写板书，讲授速度快，学生顾了听，顾不了写，顾了写，又顾不了听，而顾此失彼。因此，在课堂教学中，我们要适量使用多媒体，采用多种教学形式交叉并用。

七、探究式教学引导学生感受发现

　　生物是一门以实验为基础的科学，课堂教学中通过实验探究能让学生沿着科学家的思路去探索生物科学的奥秘，形成一定的科学探究能力，掌握一些考虑分析问题的思路方法，培养学生学习生物科学的兴趣和素养。

（一）探究式教学法的目标要求

　　探究性学习以转变学生的学习方式为目的，学生由过去主要听从教师讲授，从生物学科的概念、规律开始学习的方式变为学生通过各种事实来发现概念和规律的方式。它强调一种主动探究的创新实践精神，着眼于给学生终身受用的知识和能力，反映和回应了时代对教育的需求，是信息时代基础教育课程改革的必然选择。学生亲自参与探究，就能理解科学探究的艰难，能体会科学家在科学研究中可能遇到的各种问题，以及科学家怎样通过一次一次的尝试来解决问题，参与探究可以帮助学生领悟科学的本质。

（二）探究式教学法教学过程

　　创设情境，充分激发学生的探究思考欲望。通过老师的精心设计提出一些新颖有兴趣的问题，激发学生探究。然后在这样的氛围下学生分组展开讨论，在讨论过程中学生的思维能力、辩论能力等都得到了锻炼，在讨论过程中教师对学生普遍有疑问的、难以解决的问题进行讲述引导，然后以小组为单位展示讨论成果，最后老师做以总结。

（三）探究性学习实施中出现的问题及解决方案讨论

　　相比于城市，农村中学由于资料缺乏、设备落后、经费短缺，教师科研能力普遍较低，不清楚研究课题开设的步骤、研究要素，在收集资料和处理数据等方面不具备相关的设备和条件，很难开展探究性学习活动。

　　但农村中学也并非在生物探究性学习上就不能有所作，农村动、植物资源丰富，农村许多种植业和养殖业的现实问题及其理论依据可以成为探究性学习的课题来源。我们在实践过程中就可以选择与农民生活密切相关的课题来研究。

　　探究课题应根据问题的价值高低、问题解决的可能性的大小来选择，课题应符合自己的优势和自我发展需求。探究性学习课题可以由教师指出，也可以由学生提出。结合生物学科的特点以及农村中学的实际需要，我们在实践过程中，首先进行选题意向调查，由指导教师综合分析之后，采用学生根据教师的介绍，选择自己喜欢的题目。选择题目之后，编排学习小组，在指导教师的帮助下，由小组成员共同完成课题的设计。

八、及时小结，升华课堂教学

　　没有点题总结的课就如同没有尾巴的孔雀。在此首先明确，此小结绝非对讲过的知识做一次简单的机械地重复，也不仅仅是单纯的知识方面的提炼与总结，而是全方位地、立体地对课堂教学内容的升华和拓展。课后的点题总结至少有两个很重要的直接作用，首先，课后小结要高屋建瓴，让学生能够将知识建构，从而内化到自己的知识体系中去，成为自己认知的一部分；学生通过此结还要能明白本节内容的重点究竟是什么。再者，教师的思维要从课堂内容中抽离出来，提升当堂内容，适时做情感教育、创新教育，鼓励学生勇于探索大自然、要热爱大自然，建立正确的世界观、价值观与人生观。

参考文献

[1] 张峰. 走进高中生物教学现场 [M]. 北京：首都师范大学出版社，2008.

[2] 张鸿亮. 有效教学：高中生物教学中的问题与对策 [M]. 长春：东北师范大学出版社，2010.

[3] 周续莲. 生物学课堂教学技能训练教程 [M]. 银川：阳光出版社，2010.

[4] 吕国裕. 高中生物教学反思实例 [M]. 福州：福建教育出版社，2011.

[5] 李娟. 生物教学技能训练 [M]. 武汉：华中师范大学出版社，2011.

[6] 李越. 让概念图走进课堂：概念图在生物学教学中的应用研究 [M]. 北京：国家行政学院出版社，2013.

[7] 吴笑臣，许东风. 生物教学技能综合训练教程 [M]. 杭州：浙江大学出版社，2014.

[8] 鲁亚平. 生物教学论 [M]. 芜湖：安徽师范大学出版社，2014.

[9] 张荣华. 中学生物教学设计与案例分析 [M]. 合肥：安徽大学出版社，2014.

[10] 刁俊明，廖富林. 新理念中学生物学教学论 [M]. 广州：暨南大学出版社，2014.

[11] 张迎春. 中学生物教材研究与教学设计 [M]. 西安：陕西师范大学出版总社有限公司，2015.

[12] 马丽娜. 创建岭南特色 STSE 中学生物课程体系研究与实践 [M]. 广州：华南理工大学出版社，2015.

[13] 涂传林. 中学生物教学技能实训与教育实习 [M]. 芜湖：安徽师范大学版社，2016.

[14] 虞驰. 高中生物公开课的探究与实例 [M]. 宁波：宁波出版社，2016.

[15] 广东省教育研究院，中学生物课程教材改革与发展研究课题组. 中学生物课程教材改革与发展研究 [M]. 广州：广东高等教育出版社，2016.

[16] 郭岩丽．高中生物高效课堂教学模式研究 [M]．成都：电子科技大学出版社，2017.

[17] 张弢．细节决定成败：提高中学生物课堂教学有效性的研究和思考 [M]．长春：吉林人民出版社，2017.

[18] 朱琦，苗素平，陈怡．生物教学模式与实验创新 [M]．长春：吉林人民出版社，2017.

[19] 王孟富．生物探究教学导论 [M]．广州：华南理工大学出版社，2017.

[20] 张弢．细节决定成败：提高中学生物课堂教学有效性的研究和思考 [M]．长春：吉林人民出版社，2017.

[21] 陈红燕．中学生物渗透生态伦理教育的探索与实践 [M]．广州：华南理工大学出版社，2017.

[22] 陈坚．生物教学理论与设计案例研究 [M]．北京：九州出版社，2018.

[23] 王运贵．高中生物学学科核心素养教学指导 [M]．青岛：青岛出版社，2019.

[24] 肖麟．高中生物教学有效性探讨 [M]．长春：吉林人民出版社，2019.

[25] 徐勇．核心素养与中学生物教学 [M]．成都：四川大学出版社，2019.

[26] 樊晓云．多样化教学方法下的中学生物学教学研究 [M]．长春：吉林人民出版社，2019.

[27] 张彩云，段启辉，万玲敏．微课堂与高中生物教学结合的路径探析 [M]．长春：吉林人民出版社，2019.

[28] 张晓丽．浅谈如何做好高中生物教学 [J]．才智，2019（36）：36.

[29] 蒲汉平．高中生物教学的创新性改革模式分析 [J]．才智，2019（36）：135.

[30] 顾勇，邵雪君．基于探究性学习的高中生物翻转课堂教学评价体系构建 [J]．湖北师范大学学报（自然科学版），2019，39（04）：94-98.

[31] 张桂梅，周庆萍，黄倩．基于核心素养的高中生物教学生活化策略探讨 [J]．六盘水师范学院学报，2019，31（06）：114-116.

[32] 田彩霞．基于核心素养视角的高中生物教学策略分析 [J]．农家参谋，2020（01）：287.

[33] 周蕾．高中生物教学中启发式教学方法的巧用 [J]．才智，2020（01）：60.

[34] 冯飞．基于学科核心素养的高中生物个性化教学思考 [J]．西部素质教育，2020，6（01）：254，256.

[35] 彭雪莉，王任翔．基于"互联网＋"的高中生物混合式教学 [J]．西部素质教育，2020，6（01）：129-130.

[36] 曹立平．基于学科核心素养下高中生物教学的科学构建探析 [J]．科学大众（科学教育），2020（01）：34.

[37] 王万里．翻转课堂在高中生物教学中的应用探析 [J]．中国农村教育，2020（03）：65-67.

[38] 黄家丽．试析核心素养下的高中生物教学 [J]．才智，2020（04）：143.

[39] 张伟华．新课改背景下高中生物有效教学策略研究 [J]．科教文汇（上旬刊），2020（02）：139-140.

[40] 胡菊玲．浅析信息技术与高中生物课堂教学的融合 [J]．中小学电教，2020（09）：35-36.

[41] 黄玲．基于思维能力培养的高中生物有效教学探究 [J]．中学生数理化（教与学），2020（09）：53.

[42] 吴春月．高中生物教学中学科核心素养的培养策略研究 [J]．科学咨询（教育科研），2020（09）：279.

[43] 洪跃明．基于学科核心素养的高中生物高效课堂的构建 [J]．学苑教育，2020（18）：59-60.

[44] 孙坚．高中生物课堂上教学情境的构建分析 [J]．家长，2020（26）：72，74.

[45] 张玉菊．关于高中生物有效教学的策略研究 [J]．天天爱科学（教育前沿），2020（10）：128.

[46] 闫石．浅谈新时期高中生物教学的实践策略 [J]．天天爱科学（教学研究），2020（10）：29.

[47] 谭清泉．浅谈如何在高中生物教学中提高学生学习的主动性 [J]．天天爱科学（教育前沿），2020（10）：91.

[48] 王花．浅谈信息技术在高中生物教学中的应用途径 [J]．天天爱科学（教育前沿），2020（10）：55.

[49] 田树言．运用微课模式优化高中生物教学 [J]．科技资讯，2020，18（26）：135-136，139.

[50] 应溶溶．高中生物课堂教学的创新策略 [J]．科幻画报，2020（09）：172.